介護の仕事には未来がないと考えている人へ

市場価値の高い「介護のプロ」になる

濱田孝一

花伝社

介護の仕事には未来がないと考えている人へ――市場価値の高い「介護のプロ」になる◆目次

はじめに　～介護の仕事について思うこと～

高齢者介護の仕事は人気がありません。

「夜勤などもありキツイ仕事」「排泄介助など大変な仕事」「給与の低い仕事」というイメージが蔓延しています。本人が介護業界に進みたい、介護の仕事をやりたいと思っていても、「介護の仕事なんて……」と周りや親に止められるという話も聞きます。

この業界に身を置くものとしては、とても悲しく、残念なことです。

ただ、振り返ってみれば、今の風潮にそれほどの驚きはありません。

また、「大変なことになった」と介護労働の未来を悲観しているわけでもありません。

それは、私が介護の仕事を始めた、二〇数年前の「老人介護」に対する社会的なイメージ・評価は、今よりもずっと、ずっと低かったからです。

介護という仕事に注目が集まり始めたのは、二〇〇〇年の介護保険制度開始以降です。

それまでは、「親の介護は家族（長男の嫁）の仕事」「老人ホームにはいるのは可哀そうな人」という時代でした。当時、看護師は３Ｋ（キツイ、キタナイ、キュウヨヒクイ）だと言われていましたが、介護の仕事はさらに低く、老人病院では介護スタッフでもケアワーカーでもなく、「看護補助」「看護助手」という職名でした。

周囲に若いスタッフ、特に男性は少なく、明治生まれの認知症のおばあさんから、「ええ若いもんが、おばぁの股ぐらに首を突っ込んで何が面白い」と叱られたことを思い出します。

要介護という言葉もケアプランもなく、紙オムツも介助用手袋もなく、一日八回、五〇人ほどの寝たきり、寝かせきりの高齢者の排泄介助に明け暮れていました。

その時代と比べると、この二〇年で介護は大きく進化しています。

当時の「老人介護」と、現代の「高齢者介護」はまったく違うものなのですが、ほとんどの人が従前のイメージで語っており、その変化に気が付いていないのです。

介護は専門性の高いプロの仕事

「介護の仕事って、家族の代わりにオムツ換えたり、ご飯食べさせたりすることだよね」

「家族でもできるんだから、特別な技術や知識はそれほど必要ないよね」

本書を手に取ってくれた人の中にも、そう思っている人がいるかもしれません。

しかし、「プロの介護」と「家族の介護」は基本的に違うものです。

病院を退院し、老人ホームに入居する高齢者の「排泄介助」を例に考えてみましょう。

排泄は、その高齢者の生活意欲、尊厳にかかわる最も重要な生活行動の一つです。

まず、どのような介助を行っているのか、オムツを使用しているのかなど、病院での排泄方法を把握します。合わせて、身体機能や尿意、便意の有無を確認し、本人の希望や転倒のリスクなどから、最適な排泄の方法を探っていきます。

その上で、「尿意や便意はあるので、コールを押してもらい、トイレでの自力排泄を支援しよう」「排泄の間隔を把握し、事前に声掛けをしよう」「間に合わない時があるので、リハビリパンツを履いてもらおう」といった目標、計画を立て、家族や本人、関連するスタッフで、介助方法や注意点を検討、共有します。

「最適な排泄方法」は、一人ひとり違います。

身長や右麻痺、左麻痺など身体状況によって、ベッドの高さや向き、トイレまでの生活動線、必要な手すりの形状・位置は変わってきます。それが適切なものでなければ、転落や転倒などの事故につながります。作業療法士などのリハビリの専門職種、福祉用具専門相談員、福祉住環境コーディネーターとの連携も必要になります。

また、排泄時には「尿量」「尿の色」「排便の量」「排便の状態・色」などから日々の健康状態もチェックします。「排便が数日間ない」「尿の色が悪い」といった場合、看護師や医師と相談しながら対応を検討します。身体に発疹がないか、オムツかぶれや床ずれなどの予兆はないかといった点も確認します。

更に、睡眠を妨害しない夜間の排泄方法、ふらつきなど飲んでいる薬の副作用、要介護状態の変化などの観察、モニタリングも必要です。その変化、評価によって、継続的に排泄方法を見直していきます。

このような、質の高い排泄介助を行うには、介助技術だけでなく、高齢者の身体機能や認知症などの知識、声掛けなどのコミュニケーション技術、更には食事や栄養、感染症や食中毒、福祉機器や生活環境、事故リスクなど、生活全般に関わる高い専門性が求められます。

それは「入浴介助」「食事介助」「移動介助」「見守り介助」なども同じです。

現代の高齢者介護は、「オムツの交換」「ご飯を食べさせること」ではなく、高齢者一人ひとりの要介護状態、希望に合わせて、その人らしく生活できるよう支援することです。「家族の介護よりも、プロの介護の方が質が高い」という単純な話ではありませんが、医療や教育と同じように、プロの介護は、専門的、科学的な見地に基づいて提供されているのです。

介護業界が介護報酬のアップを求めているのは、「排便の処理が大変だから」「夜勤が忙しくて大変だから」といった、素人発想の話をしているのではありません。

真面目に医療に取り組む医師の生活が安定しなければ、質の高い医療は受けられませんし、医療の知識も技術も発展しません。

同様に、介護報酬は、述べたような専門的なプロの介護を望むのか、「時間通りオムツ変えました。あとは知りません」といった、質の低い素人介護でよいのかを決めるものです。

認知症や要介護状態になった時にも、最後まで自分らしく快適な生活をしたいのであれば、社会としてその手当てをしなければならない、と言っているにすぎません。

介護労働を語るとき、「人に優しい仕事」「排泄の後始末など大変な仕事」などと、表面的で感情的な議論になるのは、「介護の専門性」という視点がすっぽり欠けているからです。

大きく変わる労働の価値・評価

本書は、「介護の仕事には未来がないと考えている人へ」というタイトルですが、「超高齢社会だから、介護の仕事には未来があるぞ」という趣旨で、書いたものではありません。それは、「営業の仕事には未来があるか」「ITの仕事には将来性があるか」という問いと同じで、「本人次第」としか答えようがありません。

ただ、一つだけ確実に言えることがあります。

それは介護だけでなく、どの仕事を選ぶにしろ、労働の価値やその評価基準は、新しいステージに変化しているということです。

現在、多くの企業で、労働者の賃金体系、評価基準は「年功序列」から「成果主義」に移行しています。業績や営業成績によって、給与や昇進、待遇は変わっていきます。

ただ、この成果主義も、その会社が安定的に存続、成長しているということが前提です。

技術革新やグローバル化など産業構造が急速に変化する中で、大手、中小を問わず、企業はその生き残りをかけて厳しい競争を余儀なくされています。

会社が倒産してしまえば、部長も課長もありません。再就職活動をしても、多くの人はそれまでの給与と同程度、それ以上の待遇を求めることは不可能です。これまでの積み重ねの中で、組織内で与えられていた評価と、資本主義経済・労働市場の中で、個人の労働者、職業人として与えられる評価は違うからです。

この産業構造の変化は、国家資格の価値さえも大きく変えています。高学歴で弁護士や税理士、歯科医などの難関資格を取得しても、年収が三〇〇万円、四〇〇万円程度という人もたくさんいます。その変化は、ＩＴ、ＡＩ、ロボット化の進展によって加速度的に進み、一〇年後には、現在の仕事の約半分がロボットやＡＩに変わるだろうと予想する学者もいます。

一流大学を卒業したから、有名な大企業に入社したから、難しい国家資格をとったから、それだけで安泰という時代ではないのです。

市場価値の高い介護のプロになる

これからは、企業や会社という組織、概念そのものが大きく変わっていきます。

それに合わせて、仕事や働き方、その評価基準も大きく変化していきます。

労働の評価基準は企業内の「成果主義」を超え、「市場評価」の時代にはいっています。

それは、安定した給与、好待遇を求めるのであれば、労働者、職業人は、自らの労働の価値を企業内、組織内だけに求めるのではなく、同時に社会、業界における市場価値の向上を目指して働く必要があるということです。

実際、多くの企業で、ヘッドハンティングが盛んに行われていますし、優秀な人材は、より高い給与、待遇で引き抜かれています。

特に、高齢者介護業界は、介護サービス事業者が激増する一方で、事業・サービスの中核となる人材が絶対的に不足しています。そのため、今でも優秀な管理者やケアマネジャー、介護看護スタッフには、他の事業者から高い給与、待遇で引き抜きの声がかかっています。それは、その人の仕事・能力が、個別企業に求められているのではなく、これからの社会に必要とされているからです。

それは、戦国時代の武士の働き方に似ていると言えるでしょう。

経営者と、能力の高い労働者は、同じ立場にあります。気に入らない上司の元で、嫌々仕事をする必要はなく、「この場所で働きたい」「この人と一緒に素晴らしい介護をしたい」と自由に選択することができるのです。


そうなるためには、社会に必要とされる「介護のプロ」になる必要があります。

本書は、これから介護の仕事をやりたいと真剣に考えている人、介護の仕事の未来が見えないと悩んでいる人に向けて書いたものです。

「これから、介護労働の未来はどうなっていくのか」

「介護のプロフェッショナルとは何か」

「どのような視点で、働く介護サービス事業所を選ぶのか」

「市場価値の高い介護のプロが身に着けるべき知識・技術は何か」

本書で、一緒に考えていきましょう。

第一章　介護の仕事に未来はあるのか

「介護の仕事には未来がない」「介護の仕事には将来性がない」

介護の仕事を辞めたいという人たちと話をすると、同じような答えが返ってきます。

「介護の仕事は、自分には合わない」と言われるのであれば、それは仕方がありません。

「人の役に立つ仕事だから、低い給与でも笑顔で頑張ろう」と言う気もありません。

ただ、この業界の最大の不幸は、「介護の仕事は好きだけど、やりがいはあるけど、このまま続けていても……」と退職していく人が少なくないということです。それは、働く本人だけでなく、事業所にとっても、社会にとっても、悲しく、辛いことです。

現在、介護の仕事をしている介護スタッフ、そして、これから介護の仕事を考えて勉強中の人の中にも、漠然とした不安を持っている人は多いのではないでしょうか。

ただ、その一方で「どんな職業なら将来性があるんだろう」「好きな仕事を選んで良いと言われたら、何を選ぶ？　どんな基準で選ぶ？」と聞くと、ほとんどの人が答えに詰まります。

ここではまず、これからの仕事について考えることからスタートします。

一　大きく変わる働き方と仕事

「働き方改革」がなぜ叫ばれるのか

様々な職業、役職、年齢の人たちと、「これからの社会」について、よく議論をします。高齢者問題だけでなく、社会保障、政治体制、世界経済の行方など、その内容は多岐にわたります。

その中で、最近、よく話題になるのが、「これからの仕事」「これからの働き方」です。

それは、「介護労働者が足りない」「介護の未来はどうだろう」といった業界内の話ではありません。まともな給与をもらって、安定した生活、楽しい人生をおくるためには、どのような職業・働き方が良いのか、どのような知識・技術を磨けば良いのか、どのような産業が伸びるのか、個人として仕事に何を求めるのか……、そのテーマ、議論は大きく広がっていきます。

もちろん、「最も良い仕事はこれ！」と、一つの答えがでるわけではありません。

「将来の仕事」に「未来の夢」という言葉が重なるように、その選択はそれぞれの考え方や人生観に関わるものです。性格的に「向き、不向き」もありますし、年齢や住んでいる地域、扶養家族の有無など生活環境によっても変わってきます。好きな仕事ができれば、収入はどうでもいいというものでもないでしょう。

ただ、政府の「働き方改革」の議論を含め、このテーマが頻繁に話題に上がるのは、これまで

「良い仕事」「安定した仕事」と言われていた社会通念が、ガラガラと音を立てて崩壊しているからです。

二〇数年前まで、就職すれば同じ会社で定年まで働き、おおよそ年齢に応じて、主任、係長、課長と役職や給与が上がっていくというのが一般的でした。その収入の増加に合わせて、住宅ローンで家を買い、子供を産み育て、そして退職金をもらって老後に備えるという社会でした。

しかし、日本型企業の特性と言われた、この「終身雇用」「年功序列」は、すでに過去のものとなっています。多くの企業で昇給や昇格の評価体系は「成果主義」にシフトしており、急激な為替変動や長期間続くデフレ、新興国企業との競争激化によって、大企業でも早期退職勧告やボーナスカットを行っています。

週刊誌で、毎年、「平均年収トップ一〇〇企業」「学生就職人気ランキング」などという記事が掲載されますが、一〇年前、二〇年前とは様変わりしています。ほんの数年前まで、「カリスマ社長」「ベンチャー企業の騎手」ともてはやされていた会社や社長がどうなっているのかを見れば、その浮き沈みの激しさがわかるでしょう。

「非正規労働」という言葉も、よく耳にするようになりました。

正社員・正規職員として雇用されない非正規労働というのは、学生アルバイトや主婦の短時間のパートタイムといった、あくまで臨時的、補完的イメージでした。しかし、派遣、契約、嘱託を含めると、その数は全労働者の四割、二〇〇〇万人に迫る勢いです。

もちろん、「派遣の方が気分的にラク」「叶えたい夢があるから」という自分の意志で非正規を選ぶ人もいます。生活環境や家族環境によって、働き方を選択できる社会は、多様な生き方を選べる社会であるともいえます。

しかし、あくまでも臨時雇いですから、景気の動向によって、会社の都合によって使い捨てにされるものです。何年働いても給与はあがりませんし、短期間で転職を繰り返していては、職業人としての経験も知識も技術も得ることができません。若い頃はそれで良くても、長い目で見れば、どこに行っても低い待遇のまま流されるように歳をとり、気が付いたときには不安定な老後を迎えることになります。

この非正規雇用の増加は、税収だけでなく、社会保障制度の安定、出生率の低下などにも関わってくるため、社会、国としてもその未来を左右する大きな損失です。この問題の背景には、目先の「勝ち組・負け組」といった軽薄な風潮や、ブラック企業の増加、更には「労働の流動化」「働き方の多様化」と、その一部分だけに光を当て、それを助長してきた労働政策に一因があることも事実です。

ただ、社会が悪い、制度が悪いといっても、誰かが仕事を探してくれるわけではありません。安定した生活を営むためには、安定した仕事、安定した収入が必要です。

生業（なりわい）を失うことは、生活の糧だけでなく、生き方を見失うことでもあります。不安定な社会、目まぐるしく産業構造や労働環境が変化する時代だからこそ、それぞれ個々人が、長期的な視点から、「どのような仕事・職業につくのか」「自分は何のプロになるのか」を、真剣に考えなければならない時代になったと言えるのです。

安定した仕事を選ぶ三つの条件

仕事を選ぶというのは、アルバイトやパートを探すというのとは違います。

どちらも、自分の時間、労働をお金に換えるという点では同じですが、一生の仕事を選ぶのは、何のプロフェッショナルになるのか、どのような知識や技術を糧に生きていくのか、どのように社会に貢献するのかを選ぶことです。

安定した仕事の条件を、「産業」「企業」「個人」の三つの視点から考えてみましょう。

一つは産業としての安定性、将来性です。

この二〇年の間に、働き方が大きく変わった背景には、バブル崩壊や経済成長の鈍化だけでなく、テクノロジーの進化や経済のグローバル化による産業構造の変化が大きく影響しています。ロボットやＩＴなどの技術革新は経済を発展させ、新しい雇用を生み出しますが、その一方で、その業務に従事していた人間から仕事を奪うという一面も持っています。中国やインド、東南アジアなどの新興国からの低価格商品の流入も、日本の農業や製造業に大きな打撃を与えています。

仕事を選ぶには、これから発展する産業なのか、衰退する産業なのか、二〇年後、三〇年後にも安定しているのか、社会に必要とされる職業・仕事なのかを考える必要があります。

二つ目は、企業の安定性・将来性です。

安定した給与が入らなければ、安定した生活を営むことはできません。二〇年、三〇年働いて四〇代、五〇代でその会社内で課長や部長だった人も、経営が悪化しリストラで解雇されると、その待遇や給与は大きく下がってしまいます。

将来性も重要です。独身の時は自分一人だけの生計を維持できればよいのですが、将来結婚し、子供ができた時に、家族の生計を維持するだけの収入がなければ人生設計ができません。知識や技術を積み重ねても、一〇年後も一五年後も、新入社員の時とほとんど変わらない、低い給与のままということでは、働く意欲もなくなります。

これに付随するのが労働環境です。

給与が少しくらい高くても、労務管理やコンプライアンスの意識が希薄で、サービス残業や長期間の労働を強いられるということでは、生活が成り立たなくなります。

過剰な業務を押し付けられての自殺、過労死が社会問題となっていますが、短期的な利益を社員が過重労働で支えているような企業は長続きしません。必ずどこかで大きなトラブルが発生し、事業の継続が困難になります。

仕事は自己実現を探求する場所でもある

三つ目は、個人のやりがい、成長です。

どのような仕事であっても、楽しいことばかりではありません。ミスをして上司やお客さまに叱られ、情けなくて悔しくて涙を流したり、悩んだり迷ったり、胃が痛くなるような経験を重ねなければプロになることはできません。昇進して給与が高くなれば、それだけ業務量は増え、責任は重くなります。

しかし、仕事は人間としての成長や自己実現を探求する場所でもあります。厳しさだけでなく、楽しみや喜び、やりがいを見つけられなければ、とても続けられるものではありません。

個人としての知識や技術の習得・蓄積も重要なポイントです。

誰にでもできる簡単な仕事をしていても、給与は上がりません。好待遇を求めるのであれば、その職業のプロとして、技術や豊富な知識・経験を基礎とした価値の高い、質の高い仕事をしなければなりません。

「この人がいなければ困る」という人材は、辞められると困りますから、給与や待遇は上がります。また、「人の役に立つ仕事」「社会や周囲から必要とされる仕事」「同僚や顧客から頼りにされる仕事」は、やりがいや生きがいにつながっていきます。

五五歳が定年だった一九七〇年代から、今は一〇年長くなっています。

高齢者の定義も六五歳から七五歳になりそうですし、老齢年金の支給開始時期も引き上げられています。少子高齢化による人口動態の変化で、元気なうちは働くというのがこれからの日本です。

高校や専門学校、大学を卒業してから働く期間は、一般的には四〇年〜五〇年、そして三〇代、四〇代からの転職でも、これからまだ三〇年、四〇年と働くことになります。

どのような仕事についても、一気に高給取りになれるわけではありません。コツコツと向上心を持ってたゆまぬ努力を続け、その産業、業界、企業に求められるプロフェッショナルになるべく、経験、知識、技術を積み重ねることが必要です。

安定した仕事を見つけるのが難しい時代

しかし、ここで大きな問題が立ちはだかります。

それは、産業構造の変化のスピードがあまりにも速く、この三つの条件の根幹である、三〇年、四〇年と安定している産業・業界を選ぶことが、極めて難しい時代だということです。

その原因は、大きく分けると二つあります。

一つは、テクノロジーの進化、技術革新です。

「デジタルカメラの普及によって、写真フィルムや現像が必要なくなった」
「電子メールによって、ハガキや封書などの郵便、ファックスの利用頻度が減った」
「カーナビの普及で、道路地図を使わなくなった」

この十数年の間に、身の回りにある商品は大きく変化しました。

特に、スマートホンは、電話やメールといったコミュニケーションツールだけでなく、音楽プレイヤー、デジタルカメラ、ムービーカメラ、時計や電卓、地図、ゲーム機、電子マネーの決済など、一台で様々な機能を有しています。アプリケーションを追加することで、その利用範囲はさらに広がります。その結果、腕時計をする人は減っていますし、ポラロイドカメラや使い捨てカメラ、カセットテープ、ビデオテープなども姿を消しています。

技術革新による産業の盛衰は、企業の安定性・将来性だけでなく、その担い手であった労働者個人の技術・知識・経験の価値にも直結します。

中でも、現代社会において、「仕事」「職業」というものの内容や質を大きく変化させたのが、ＩＴ革命と呼ばれる、インターネット技術による情報化社会の到来です。

保険や株式投資といった金融業界を例に挙げてみましょう。

長い間、民間の生命保険や自動車保険は、国内の保険会社や代理店の営業担当者によって販売されていました。年収数千万円、一億円という営業担当者も少なくありませんでした。しかし、今はインターネットでの生命保険・自動車保険の申込みが増えており、保険レディと呼ばれる人の数は大きく減っています。

株式購入も同じことが言えます。これまで株式や債権の売買は、証券会社の営業マンに依頼し購入するのが一般的でしたが、現在は、インターネットを使って、家のパソコンから売買できます。個人デイトレーダーの登場によって、株式の取引高は格段に増えていますが、そこにはバブル期に、身振り手振りで踊るように株式を売り買いしていた証券マンの姿はありません。

それは、業種、業態だけでなく、資格の価値も変化させています。

情報化社会になると、弁護士や税理士、公認会計士といった情報を扱う専門職の役割は、より高まると予想されていましたが、実際はそう単純なものではありませんでした。

今では、低価格のコンピュータソフトが会計処理をしてくれますし、確定申告でさえインターネットでできる時代です。会計や経理を行う事務員はこの一五年の間に一〇〇万人以上も減少しています。税理士、公認会計士という難関の国家資格をとっても、それだけで高給が約束される時代ではありません。

弁護士も同様です。これまでのように法律的な問題に対して、三〇分五〇〇〇円という相談料を支払わなくても、ネット上の掲示板に質問を書きこめば、知らない誰かが丁寧に教えてくれます。取引に必要な契約書や法的手続きについても、パソコンで検索すれば、類似のものがたくさんでてきますし、書き方や注意点も教えてくれます。二〇〇四年に、「将来、弁護士が足りなくなる」と、法科大学院が制度化されたのですが、それから一〇年も経たないうちに、司法試験を突破して弁護士になっても、仕事がないという社会になっています。

技術革新によって加速するグローバル化

もう一つ、産業構造・働き方が大きく変わった原因は、グローバル化です。

これまで「ものづくりニッポン」を支えた熟練工、技術者の多くは、すでに機械化、オートメーション化によって、その活躍の場を奪われています。機械に一流の工芸品や、人を感動させるような美術品を作る能力はありませんが、同じ作業を正確に、迅速に繰り返し、安定した商品を大量に生産する技術は、人間の能力をはるかに上回ります。

その結果、製造業では単純労働の割合が増えており、より安い労働力を求めて、中国から、ベトナム、タイなどの東南アジアへ製造拠点を移しています。量販店で、家電や衣料品、日用品のタグを見ても、日本国内で製造されたものを探す方が難しい時代です。聞きなれた日本メーカーの商品であっても、それを作っているのは日本国内、日本人ではありません。

これは、単純に、仕事が海外に出ていくというだけの話ではありません。

人件費の安い国の人達が作った、安い商品が大量に入ってきますから、日本国内で製造した製品・商品は売れなくなります。そのため、国内製造業の労働者も給与が上がらない、低い賃金で働かなければならないという状態になっているのです。

AI、ロボットによって半分の仕事が消える？

この産業構造、労働環境の変化は、人工知能（AI）やロボットが社会に浸透する中で、加速度的に進むことになります。

二〇一四年、オックスフォード大学のオズボーン准教授が、「雇用の未来～コンピューター化によって仕事は失われるのか」という論文を発表し、大きな話題となりました。それによると、

10年から20年後になくなる可能性の高い職業

銀行の融資・ローン担当者	クレジットアナリスト	クレジットカード調査員
保険契約の審査員		
保険営業員	不動産ブローカー	電話販売員
小売り販売員	レジ係	集金人
簿記・会計・監査事務員	税務申告書代行者	給与計算担当者
データ入力者		
電話オペレーター	レストラン・施設の案内係	ホテルの受付係
図書館の補助員	銀行窓口係	
タクシー運転手	路線バス運転手	
仕立屋（手縫い）	ネイリスト	彫刻師
メガネ・レンズの技術者	義歯製作技術者	測量・地図作成技術者
カジノのディーラー	スポーツの審判	

※オズボーン准教授 「雇用の未来」で示された職種から抜粋・整理

現在のアメリカの七〇二の職業の中で、一〇年後には四七％の仕事が機械によって代替することができると予測しています。

一〇年～二〇年後になくなる可能性が高いと、挙げられた職業を整理すると、いくつかのカテゴリーに分類されることがわかります。

一つは、銀行の融資、クレジットカード、保険契約審査などの信用調査の仕事です。

私は大学卒業後、ある都市銀行で、法人担当の融資係をしていました。

企業から融資の申し込みがあった場合、財務諸表の提出を受け、財務分析、業界分析、貸出リスク、担保価値、使い道、妥当性などを分析し、稟議書を作ります。その資料は膨大なものです。融資課長、支店長、時には本部の融資部などに回され、追加資料の提出や、金利や融資金額についての意見が付則されます。

しかし、このような手法では、その判断や資金調達までに長い時間がかかるだけでなく、担当者それぞれの能力や支店長の考え方によって、融資の可否判断は左右されます。その判断のブレ、歪みは、銀行の収益の機会を逃すだけでなく、貸し倒れのリスクも増加します。

ここに人工知能が活用されるようになると、必要な資料やデータを送れば、その企業の安定性、業界の未来、金額の妥当性や投資リスクを瞬時にコンピュータが判断します。あれこれと考えながら夜遅くまで稟議書を作るよりも、よほど正確で効率的、効果的です。

今後は個人に対するローン貸出や、保険契約、クレジットカードなどの審査も、「年収」「勤務先」「勤続年数」「年齢」「預金残高」など必要事項を打ち込むだけで、コンピュータが自動的に判断することになります。

販売・営業系の仕事もコンピュータ化が更に進みます。

述べたように、生命保険や自動車保険などの保険商品は、インターネットによる申し込みが一般化しています。パソコンや冷蔵庫などの家電製品も、商品情報やその評判・満足度を事前に調べ、量販店に商品を見に行くけれど、最後はネットショッピングで検索して購入するという人が増えています。新幹線やホテル、旅館などもネット予約が主流です。旅行代理店や携帯電話販売、不動産賃貸など、商品情報がある程度確定しているものも、対面販売ではなく、インターネットでのやり取りが中心になっていくでしょう。

「一般事務」という仕事はなくなる

大きく減少するのが、一般事務、ホワイトカラーと呼ばれる仕事です。会計や税務だけでなく、給与計算、棚卸などの仕事もデータのやり取りで完了します。システム化すれば、営業成績をまとめたり、それを印刷して配布するといった仕事も必要ありません。図書館の貸出し、ホテルのフロント、映画館のチケット販売など、サービスと人を繋ぐ仕事は、今でも一部は機械化されています。大学病院に行くと、コンピュータで受付をし、支払い時には精算機が「おだいじに」と言ってくれます。

また、電気自動車が中心になれば、自動車の部品は様変わりしますし、自宅で充電できますから、ガソリンスタンドの数も減少します。監視カメラやセンサー機器の進化によって、警備や監視、メーターの点検作業員などの仕事も減っていきます。自動運転技術が進化すれば、タクシーや路線バスは人が運転しなくてもよくなりますし、3Dプリンターが普及すれば、義歯、義足やメガネなどの製作技術者の仕事も任せることができます。

今では、寿司をロボットが握る時代ですし、チェーン店の居酒屋の注文はタッチパネルです。電子マネーが普及すれば、セルフレジ化も一層進みます。ファストフードやファミレスなどの外食産業、学校給食の調理員の仕事も、大きく変わっていくでしょう。

なくなる可能性の低い職業

インテリアデザイナー	ゲームクリエーター	コピーライター
作詞家・作曲家	舞台演出家・映画監督	俳優・ミュージシャン
クラシック演奏家	美容師	
ソーシャルワーカー	ケアマネジャー	作業療法士・理学療法士
医師・歯科医師	鍼灸師・柔道整復師	介護職員
小学校・中学校教員	学校カウンセラー	保育士・幼稚園教諭
経営者	エコノミスト	

※野村総合研究所　「日本の労働人口の49％が人工知能やロボット等で代替可能に」一部抜粋

一〇年後、二〇年後にもなくならない仕事とは

この報告書では、同時に「なくなる可能性の低い職業」、つまり、ITやロボット、AIで代替することが難しい仕事も挙げています。

残ると予想される仕事も、分類・整理することが可能です。

それは、創造性の高い仕事、人と人との協調性が必要な仕事、定型化できない仕事です。

一つは、芸術、芸能、スポーツの分野です。

俳優や歌手、映画監督や演出家、小説家や作詞家、ゲームクリエーターなどの、創造性の高い仕事はなくなりません。ロボットがサッカーや野球、ボクシングなどのスポーツ、ピアノやバイオリンなどクラシックの演奏を行っても感動はしないでしょう。

医療や看護、リハビリなども残る仕事に分類されています。

ビッグデータを元に、AIを使って検査データから病名を絞り込むことは今でも可能です。実際にニューヨークのがんセンターでは、六〇万件の医療報告書、一五〇万件の患者記録や臨床試験、二〇〇万ページ分の医学雑誌の情報を人工知能型コンピュータに蓄積し、患者の症状・遺伝子・薬歴などを分析させることによって、治療計画を作ることに成功

しています。触覚テクノロジーも驚くほど進化していますから、病院に行かなくても診察を受けたり、ロボットが手術を行う時代が来るかもしれません。

しかし、AIによる診断が可能でも、実際の治療は生活環境や年齢、体力などによって、一人ひとり違います。またそれぞれの効果やリスク、費用などについても、専門的な見地から、医師がわかりやすく丁寧に説明する必要があります。これからは、医師の資質として患者とのコミュニケーション能力、インフォームドコンセントの説明力がより重要になっていきます。

教育関係も同じことが言えます。

今でも大手受験予備校では、カリスマ講師と呼ばれる人たちが、北海道から沖縄までインターネットを使って授業をしています。学校に通うことも、教室も必要ありません。今や、簡単に情報検索できる時代ですから、「勉強・教育」の概念そのものが変わるでしょう。

ただ、一人ひとりの子供の性格や興味、習熟度に合わせて教え方を変えることや、人間関係や倫理、良いことと悪いことを説明するのは人間にしかできません。特に、幼児教育や小学校などの初等教育については、必ず人間の教師やカウンセラーが必要となります。

その他、美容師は、創造性の高い仕事であると同時に、それぞれの顧客の好みやニーズに合わせて要望を聞き、プロとしての知見を提案し、コミュニケーションをとりながら、仕上げていく仕事です。頭の形、髪の毛の質、生え方もそれぞれに違いますし、細かなこだわりを持つ人もいますから、定型化はできません。

また、ビッグデータをもとに人工知能の分析力、判断力がどれほど強化されても、その指針を定め、最終的に決定を行うのは人間です。経営者やそれを支援する経営コンサルタントなどの仕事もなくならないでしょう。

「ロボットに取られないから安心」という単純な話ではない

周りをぐるりと見渡して、「この職業は二〇年後どうなっているかな」「一〇年後はロボットがやっているかもしれないな」と、あれこれ考えるのは面白いものです。

ただ、これは「ロボットに取られないから安心だ」「AIにできない仕事をすればいい」という単純な話ではありません。

その理由の一つは、過当競争です。

柔道整復師などが行う接骨院の数は、平成二七年の段階で四万七〇〇〇ヶ所あり、整体院を含めると全国で一〇万、類似するマッサージやリラクゼーションなども一五万件を超えると言われています。ローソンやセブン‐イレブンなどの上位七社のコンビニエンスストアの数が五万件程度ですから、その数の多さがわかるでしょう。

歯科医院も、明らかに供給過多の状況にあります。歯科医になるためには高額な教育費や開業資金が必要ですが、実質的な年収は三〇〇～四〇〇万円程度という人も少なくありません。美容院・理髪店も低価格のカット専門店が増えており、平均収入は三〇〇万円程度です。顧客を満足させる確かな技術や経営ノウハウ、コミュニケーション能力がなければ、独立、開業しても店を続けることはできません。

もう一つは更なるグローバル化です。これからは製造業だけでなく、知的労働も国外にアウトソーシングされます。現在でも、システム開発やアプリ開発などのコンピュータプログラムの仕事はインドなど海外へ委託されており、国内のプログラマーの長時間労働、低収入は社会問題となっています。先進的な技術、傑出した創造性がないと、高額の収入を得ることはできません。

これからの社会においては人間ができる仕事、国内でできる仕事はどんどん減っていきます。日本でも一〇年～二〇年後には働いている人の約四九％の職業が、技術的にはロボットや人工知能に代替することが可能だと野村総合研究所が発表しています。

同時に一部の職業には、たくさんの人が集まり過当競争になります。

もちろん、これは一つの予測でしかありません。ここまで挙げた職業がなくなる、将来性に乏しいという単純な話ではありませんし、その変化、減少の速度も業界によって違います。

ただ、この問題の本質は、「ロボットに仕事が奪われる」「国内産業が空洞化する」といった社会や産業の話ではありません。個々人の「仕事・労働の未来」に直結する、より深い命題を私たちに投げかけています。

それは、「高給取りになるには知識・技術を積み重ねることが必要だ」と述べましたが、その一方で、その産業・業界で蓄積した知識・技術が、一〇年後、二〇年後も、高い給与・待遇に反映されるとは限らないということです。

二　介護という仕事の未来について

介護は国内限定の労働集約的な仕事

では高齢者介護の仕事はどうでしょうか。

まず一つは、確実に需要が高まるということです。

団塊の世代が七五歳以上の後期高齢者になるのが二〇二五年です。二〇三五年には八五歳以上の人口は、現在の二倍の一〇〇〇万人を超え、二〇六〇年頃まで高止まりしたまま推移します。

七五歳以上の要介護発生率は二三％ですが、八五〜八九歳では五〇％、九〇歳以上では七〇％を超えます。年齢が上がれば、重度要介護の発生比率も高くなるため、常時介護が必要な重度要介護高齢者の数は、現在の二倍以上に膨らむことになります。要介護高齢者が要介護高齢者を介護する「老々介護」、認知症高齢者が認知症高齢者を介護する「認々介護」が社会問題となっていますが、超高齢社会の介護問題が本格化するのは、まさにこれからです。

また、高齢者介護は国内限定の労働集約的な仕事です。

介護が必要になれば、人件費の安い東南アジアなどの海外へ移住するという人もいますが、言葉や生活習慣も違いますから、海外勤務が長く、その生活環境に慣れているなど一部の人を除き、一般的ではありません。

また、ベテランの介護スタッフだからといって、一人で何台もの車いすを押すことができるわけではなく、それが優秀な介護技術でもありません。要介護高齢者の増加、介護需要の増加に比例して、介護労働者の増加が必要です。

高齢者の介護はロボットにはできない

二つ目は、ロボットやＡＩなどに代替することは難しいということです。

「要介護二、脳梗塞で右半身麻痺、排泄自立、自走車いす使用」といった同じような要介護状態であっても、個々の生活環境、希望によって、一人ひとり介護・生活支援の内容は異なります。介護には「一般的な回答」はなく、どれだけデータを集めても、ＡＩが自動的に最適なケアプランを作れるわけではありません。サービスの実施記録や利用情報の共有はコンピュータ化が進みますが、家族や本人の感情を共感、受容しながら、個別に聞き取りを行うことは人間にしかできません。

また「将来はロボットが介護する」という人がいますが、それは早計です。

確かに、介護ロボットの技術は目覚ましい勢いで進化しています。今でも、ＧＰＳを使って徘徊高齢者を早期に発見したり、センサーによって体調の急変や転倒を知らせたりすることもできます。口頭指示やIoTを使って、ベッド移乗や移動ができる車いすが開発されれば、交通事故などで下肢を切断した若年層の身体障害者の生活は便利になるでしょう。

しかし、要介護高齢者は日々の体調によって要介護状態が大きく変化します。判断力の低下や認知症の問題もあります。体調の変化に合わせて、自ら考え、きめ細かく臨機応変に、かつ安全に介助できるような介護ロボットができるのは、遠い、遠い未来の話です。

これに付随して重要なことは、介護は専門職だということです。

多様な要介護状態、個別の生活希望を持つ高齢者に対応するためには、認知症や疾病、高齢者の身体機能に関する深い知識、安全に介助を行うための高い介護技術が必要になります。

特に、日本の介護知識・技術は、「ケアマネジメント」「個別ケア」を中心に、目覚ましいスピードで発展しています。介護福祉士、社会福祉士などの国家資格を持っていれば、数十年先まで、全国どこでも、働く場所を探すのに苦労することはありません。

給与や待遇も安定しています。介護は、国内限定の社会保障制度に基づくサービスですから、為替や株式相場など短期の経済動向に左右されることはありません。報酬の支払いを担保しているのは国ですから、サービスを適切に行えば、それに対する収入は必ず支払われます。

また、介護労働者が不足しているということは、労働者が事業者を選べるということです。介護労働者の働く場所はどこでもありますから、ブラック企業など劣悪な環境や待遇で、上司の横暴や暴言を我慢して、不正や苦痛に耐えながら働かなければならないということもありません。

介護の給与は本当に低いのか

もう一つ、言っておきたいのは、介護の給与についてです。

マスコミなどで、「四〇歳男性の平均年収は、介護労働者と一般会社員を比較すると一〇〇万円以上低い」などというデータが示されることがあります。これを聞いた人は「高校や大学を卒業して、同じように四〇歳まで働いて、年間一〇〇万円も給与が低いのか。介護の仕事なんて、とてもできないよな」と思うのは当然です。

しかしそれは、「まるっきり嘘」というわけではありませんが、「介護の給与は低い」ということを過度にアピールするために、あえて取り出したデータです。

厚生労働省から出されている、「平成二七年度　介護従事者処遇状況等調査結果」と「平成二七年　賃金構造基本統計調査」を整理、比較すれば、その実態がわかります。

一つは、勤続年数の違いです。次頁の表のように、一般的に男性の給与は、四〇代後半から五〇代にかけて給与のピークを迎えます。それは高校や大学を卒業して、同じ企業で十数年働いて、課長や部長などの役職者、責任者となる人が多いからです。

一方の介護保険制度は、まだ二〇年に満たない制度です。他の仕事から介護業界に転身した中途採用者が多く、勤続年数五年未満の人が全体の五七％、一〇年未満も含めると八〇％を超えます。そのため、同じ四〇歳と言っても、勤続年数は六年～八年と他の産業の半分程度です。

仕事を始めて一〇年未満、五年未満の人の多い介護業界の給与を、年齢と性別だけを無理に切り取って比較しても分析はできません。同じ「四〇代」「男性」を比較するのであれば、少なくとも、同じ事業所で勤続年数が一五年程度の人を対象としないと正確ではありません。

残念ながら、その公的なデータはありません。施設種別や法人によっても、差があるでしょう。しかし、周辺を見渡して、福祉系の大学や介護の専門学校を卒業し、一五年程度働いて、四〇代となっているデイサービスの管理者や特養ホームの介護主任、施設長から話を聞くと、年収は五〇〇万円、六〇〇万円、それ以上という人も多く、他の業種の同年代の人と比較しても、決して見劣りするような給与・待遇ではありません。

介護の給与は性差・学歴・企業規模に左右されない

二つ目は、男女の性差です。

どの産業においても、二〇代前半の給与を見ると、男性・女性の性差は大きくありません。しかし、その後の賃金上昇のカーブは大きく違い、三〇代、四〇代になると、ほとんどの産業で女性の方が男性よりも月額で一〇万円近く賃金が低くなっています。これは結婚や出産、子育てなどで離職する女性が多いことや、いまだ昇給や昇格に差があることがわかります。また、子育てを終えた女性が、もう一度働き始めようとしても、同じような業務、給与、待遇の仕事を見つけることが難しいことを示しています。

これに対して、介護は専門職種ですから、給与や昇給、昇格に性差はありません。知識や技術

施設・事業所別に見た介護職員の平均給与額　※1

	平均年齢	平均勤続年数	平均給与額
介護老人福祉施設	37.4 歳	7.3 年	311,260 円 (266,780 円)
介護老人保健施設	38.3 歳	7.9 年	300,020 円 (257,160 円)
訪問介護事業所	47.3 歳	7.0 年	272,800 円 (233,830 円)
通所介護事業所	41.4 歳	6.3 年	261,380 円 (224,040 円)
認知症グループホーム	44.2 歳	6.0 年	256,080 円 (219,500 円)

平成 27 年度　介護従事者処遇状況等調査結果
※2（　）内の金額は、賞与の調整を行ったもの

※1　介護職員の給与は、処遇改善加算の届け出をした事業所（月給の者）のものです。
※2　介護従事者処遇状況等調査の給与には、4 月～ 9 月に支払われた夏季賞与一時金の 1/6 が含まれています。賞与水準は事業所や支給年度によってゼロ～基本給 1.8 ケ月程度と開きがあるため、平均 1 か月として、再計算（× 6 ÷ 7）したものを下の（　）に示しています。

性別・年齢階級別　賃金格差

	男　性	女　性
20 歳～ 24 歳	205.0 千円	196.6 千円
25 歳～ 29 歳	243.4 千円	221.5 千円
30 歳～ 34 歳	282.6 千円	238.4 千円
35 歳～ 39 歳	321.2 千円	249.0 千円
40 歳～ 44 歳	359.8 千円	262.6 千円
45 歳～ 49 歳	405.7 千円	266.6 千円
50 歳～ 54 歳	430.1 千円	266.8 千円
55 歳～ 59 歳	411.7 千円	255.1 千円
60 歳～ 64 歳	291.9 千円	221.8 千円
65 歳～ 69 歳	264.6 千円	223.9 千円
平　均	335.1 千円	242.0 千円

平成 27 年　賃金構造基本統計調査の概況

産業別・性別　賃金格差

	平均年齢	勤続年数	男性	平均年齢	勤続年数	女性
建設業	44.4 歳	13.5 年	341.7 千円	41.4 歳	10.5 年	238.1 千円
製造業	42.2 歳	15.2 年	318.0 千円	42.7 歳	11.9 年	210.5 千円
情報通信業	40.9 歳	14.2 年	412.5 千円	37.0 歳	10.0 年	313.7 千円
運輸・郵便業	46.4 歳	12.3 年	275.2 千円	40.6 歳	8.9 年	213.9 千円
卸売・小売業	42.2 歳	14.3 年	341.5 千円	39.4 歳	9.8 年	228.4 千円
金融・保険業	43.1 歳	15.9 年	482.3 千円	41.0 歳	11.3 年	278.3 千円
学術研究・専門	43.1 歳	13.9 年	396.5 千円	38.8 歳	9.2 年	278.1 千円
宿泊・飲食業	41.4 歳	9.5 年	270.0 千円	40.2 歳	7.3 年	196.2 千円
生活関連・娯楽	40.1 歳	10.0 年	288.9 千円	38.1 歳	7.9 年	214.6 千円
教育・学習支援	46.5 歳	13.4 年	442.2 千円	38.5 歳	9.3 年	307.5 千円
サービス業（他）	45.9 歳	10.1 年	276.2 千円	41.7 歳	7.5 年	213.3 千円

学歴別・年齢階級別　賃金格差　男性（女性）

	大学・大学院卒	高専・短大卒	高校卒
20 歳～ 24 歳	222.1 千円 （214.9 千円）	199.5 千円 （195.9 千円）	194.3 千円 （176.4 千円）
25 歳～ 29 歳	260.3 千円 （239.0 千円）	231.1 千円 （220.8 千円）	223.7 千円 （188.5 千円）
30 歳～ 34 歳	313.7 千円 （271.4 千円）	259.9 千円 （235.0 千円）	251.7 千円 （197.8 千円）
35 歳～ 39 歳	372.4 千円 （300.3 千円）	295.0 千円 （250.2 千円）	278.9 千円 （205.0 千円）
40 歳～ 44 歳	431.4 千円 （350.3 千円）	336.6 千円 （269.3 千円）	311.2 千円 （217.6 千円）
45 歳～ 49 歳	507.0 千円 （380.9 千円）	375.3 千円 （281.2 千円）	333.7 千円 （220.5 千円）
50 歳～ 54 歳	544.1 千円 （399.4 千円）	408.9 千円 （286.8 千円）	348.3 千円 （225.0 千円）
55 歳～ 59 歳	521.8 千円 （375.6 千円）	396.0 千円 （284.6 千円）	343.0 千円 （220.4 千円）
60 歳～ 64 歳	391.5 千円 （385.7 千円）	295.1 千円 （260.9 千円）	249.4 千円 （194.4 千円）

平成 27 年　賃金構造基本統計調査の概況

企業規模別・年齢階級別　賃金格差　男性（女性）

	大企業 （1000 人以上）	中企業 （100 ～ 1000 人）	小企業 （99 人以下）
20 歳～ 24 歳	213.7 千円 （210.0 千円）	203.6 千円 （196.8 千円）	194.7 千円 （181.1 千円）
25 歳～ 29 歳	259.2 千円 （237.8 千円）	237.9 千円 （220.3 千円）	226.8 千円 （200.0 千円）
30 歳～ 34 歳	312.0 千円 （258.2 千円）	271.4 千円 （237.3 千円）	258.2 千円 （213.8 千円）
35 歳～ 39 歳	362.3 千円 （276.0 千円）	308.9 千円 （246.3 千円）	288.0 千円 （221.6 千円）
40 歳～ 44 歳	411.2 千円 （292.9 千円）	348.1 千円 （262.2 千円）	312.4 千円 （230.0 千円）
45 歳～ 49 歳	480.3 千円 （307.3 千円）	382.8 千円 （260.9 千円）	325.2 千円 （232.9 千円）
50 歳～ 54 歳	514.8 千円 （303.2 千円）	406.7 千円 （268.9 千円）	332.5 千円 （229.3 千円）
55 歳～ 59 歳	487.6 千円 （291.0 千円）	401.0 千円 （252.7 千円）	332.1 千円 （229.7 千円）
60 歳～ 64 歳	312.0 千円 （261.0 千円）	292.3 千円 （212.5 千円）	276.1 千円 （208.9 千円）

平成 27 年　賃金構造基本統計調査の概況

を証明する資格や経験、能力によって、給与や待遇が決まります。述べたように、介護関連の資格を持っていれば、配偶者の転勤などによって、住所地が変わっても、全国どこでも、その能力を発揮することは可能です。

また、表のようにどの産業種別においても、大卒や短大卒、高卒などの学歴や、大企業、中小企業などの企業の規模よって、給与に大きな差があることがわかります。

しかし、介護業界は、学歴ではなく、資格の有無や経験が優先されます。示したように特養ホームや通所介護、訪問介護など事業種別によって平均給与は変わってきますが、支払われる介護報酬は同じですから、企業の資本規模によって介護報酬に差がでるわけではありません。

介護労働は給与の基準が一般の産業とは根本的に違うのです。

もちろん、いまの介護労働者の待遇、給与が十分だと言っているわけではありません。

産業全体から見ると、平均値として給与水準が低いということは紛れもない事実です。

介護の専門性や責任の重さ、リスクの高さを考えると、十分な介護報酬が設定されているとはとても言えません。示されている介護労働者の給与には、夜勤手当なども含まれており、同一に比較することはできないという意見もあるでしょう。

ただ、介護業界の中にも、マスコミの論調を盲目的に信頼し、介護だけが大変な仕事で、特別、給与が低いように感情的に喧伝している人がいますが、それは間違いです。営業職であれ、販売業、建設業であれ、どのような仕事でもそれぞれに大変です。

また、国も、介護労働者不足を補うために、処遇改善には力を入れており、介護報酬が労働者に直接、給与として支給されるように対策をとっています。

これからの労働市場、産業構造の変化を考えたとき、三〇年、四〇年後も需要が高まり続ける産業、培った技術や知識の市場価値が下がらない仕事は、そう多くはないのです。

年功序列型の報酬体系でないことは事実

「くどくど説明されなくても、安定していることはわかっている」と言われるかもしれません。「介護の仕事を辞めたい」という人と話をすると、もう一つの課題が見えてきます。

それは、「このまま働き続けても給与が上がらない」という言葉です。

先ほど、「介護主任や管理者になっている人の給与は、それほど低くはない」と言いましたが、だれでも介護の仕事を続けていれば、給与が段階的に上がっていくという意味ではありません。

それは高齢者介護サービス事業の特性に起因しています。

自由競争が基本である市場経済においては、モノやサービスの値段は需要と供給のバランスで決まります。天候不順だと、野菜の値段はあがりますし、新幹線の特急料金もホテルの宿泊費も、繁忙期と閑散期とでは値段が変わります。

これは労働条件も同じです。営業職は歩合の割合が高くなりますし、美容師など、お客さまからの指名が多くなれば、それが給与に反映されるという業界もあります。

しかし、高齢者介護は、市場原理に基づく営利目的の事業でありながら、そのサービス内容や価格設定などの基礎を介護保険制度に縛られるという特殊な事業です。公的な社会保障制度の一つですから、事業者が勝手に介護サービス内容やその価格を決めることはできません。

全国で講演をするような高い能力を持つケアマネジャーも、新人ケアマネジャーも、ケアプラン策定業務に対して支払われる介護報酬は同じです。「人気のヘルパーさんなので指名すると介護報酬以外に利用料が一〇〇〇円かかる」ということも、法律上できません。

これを、労働者の視点から考えると、次のようになります。

【前提1】 知識・技術・経験に関わらず、サービスに対する介護報酬は同じ。
【前提2】 社会保障財政は逼迫しており、将来的に介護報酬が上がる見込みは少ない。
【結　論】 介護の仕事は、長く続けても段階的に給与は上がらない。

この三段論法には穴がありません。

訪問介護の報酬単価は、要介護度と介護内容、介護時間によって算定されます。非常勤のホームヘルパーが、五年勤務しても、一〇年勤務しても、時給が段階的に上がっていくわけではありません。移動時間も多く、一日に訪問できる人数も限られますから、ひと月の収入も変わりません。

通所サービスや介護保険施設、介護付有料老人ホームでも同じです。

一日の受け入れ可能人数、定員数に合わせて、介護保険収入の上限は決まります。介護労働者の給与を上げるには、介護報酬によるバックアップが不可欠です。

ただ、子や孫の世代に借金を付け回す手法は限界にきています。

国だけでなく、地方自治体の財政も、すでに介護や医療などの社会保障費に圧迫されており、一〇年後、二〇年後には、超高齢化と財政悪化の二つの波が日本を直撃することになります。消費増税や社会保険料のアップにも限界があり、経済が萎んでしまえば逆効果になります。

現行制度で、介護報酬を上げ続けることは不可能です。

介護の仕事の将来性とは何か

そして、もう一つ重要なことは、介護業界もいつまでも労働者不足ではないということです。

二〇〇八年社会保障国民会議に提出された試算によると、要介護高齢者の増加によって、二〇二五年には二一一万~二五五万人の介護職員が必要になり、このままでは三〇万人以上が足りなくなると予想されています。加えて、少子化によって労働力人口は減少していくことは確実です。

そのため介護労働者の確保は、今後さらに難しくなると考える人が多いのですが、そう単純な話ではありません。

労働者の過不足は景気の波と連動しています。介護業界に人が集まらなくなったのは、ここ一〇年程度の話で、二〇〇〇年の介護保険制度のスタート直後には、介護労働の希望者が殺到していました。それはバブル崩壊やデフレスパイラルによって、長期間つづいた日本経済のマイナス成長、低成長時代だったからです。いままた、景気回復の兆しが見えてきたために、介護だけでなく、全産業で労働者不足が顕著になってきているのです。

ただ、国内景気も世界経済と連動し、循環しますから、ずっと好景気が続くというものではありません。新興国経済の鈍化、政治の混乱など不安要素も多く、また不景気になれば高齢者介護にも人が戻ってきます。

これに、技術革新による産業構造の変化が加わります。

述べたように、日本では今後一〇年～二〇年の間に、約四九％の職業がロボットや人工知能に代替することが可能だとされています。その業務に従事している労働者は、現在、日本全国で二五〇〇万人に上ります。そのすべての人が仕事を失うという話ではありませんが、「介護労働者が三〇〇万人足りなくなる」というのとは、桁が二つほど違うのです。

もちろん、テクノロジーの進展に伴って、これまでにない新しい仕事もたくさん出てくるでしょうが、この時代に「国内限定の労働集約的な仕事」というのは考えられません。

そうなると、高齢者介護は、これからの国内雇用を下支えできる数少ない産業の一つです。

現在の「介護労働者不足」が、いつまでも続くわけではないのです。

このような話をすると、「結局、介護の仕事は安定しているけれど給与は上がらないということとじゃないか」「低い給与で使われるということだろう」と思う人がいるかもしれません。確かに、「他に仕事がないから介護でもしよう」「大変だから辞めよう」という人は増えたり減ったりするでしょう。どの業界に関わらず、このように考える人達の給与、待遇は上がりません。

この時代に、同じ労働内容で、給与が安定して年功序列で上がっていくような仕事を、もし見つけることができるのであれば、そうすれば良いことですし、逆に、営業職のような厳しい成果主義の方が向いているという人もあるでしょう。

ただ、専門職である「介護の仕事の将来性」の捉え方は少し違います。

それは、「努力によって、どこまでその可能性を広げられるのか」「介護は、プロとしての将来をかけることができる仕事なのか」に、重点を置きたいと考えています。

介護という仕事の広がり

まず伝えたいのは、高齢者介護という仕事の広がりです。

四つの視点から、介護の仕事の全体像とその広がりを見ていきます。

① 業種・業態の広がり

介護の仕事といっても、訪問介護、特養ホームや老健施設、デイサービスやグループホーム、小規模多機能事業所など、どの業種で働くかによって、業務内容や勤務体系は大きく変わります。

訪問介護の場合、一軒一軒、自宅を訪問し、「三〇分」「一時間」など決められた時間の中、「入浴介助」「食事の準備、食事介助」などを行います。連続した仕事ではありませんので、子供の幼稚園の送り迎えに合わせて、勤務時間を調整することも可能です。

これに対して、特養ホームや介護付有料老人ホームでは、日勤、夜勤などの交代制で、二四時間三六五日継続して、介護サービスを提供します。

また、同じ「高齢者の住まい」であっても、特養ホームは重度要介護高齢者が中心ですから、食事介助、排泄介助などの直接介助の比率が高くなりますが、認知症高齢者のグループホームでは、見守りや声掛け、共同作業やレクレーションの補助といった間接的な介助が中心になります。デイサービスでは、レクレーションやイベントに力を入れているところが増えています。

このように、同じ「介護スタッフ」といっても、施設種別、また事業所によって業務内容や働き方、勤務体系はそれぞれに違います。それは自分の生活環境の変化に合わせて、働き方を選ぶことができるということです。

② 職種の広がり

介護と言えば、排泄介助や入浴介助といった、要介護高齢者への直接介助をイメージする人が多いのですが、それだけではありません。

高齢者介護という仕事は、要介護高齢者の生活支援全般です。

介護の経験を積んだあと、生活相談員やケアマネジャーなど他の職種に移動する人もいます。生活相談員は、介護サービス事業者と利用者・家族、更には外部のケアマネジャーや医療機関、他のサービス事業者との架け橋となる仕事です。介護現場での十分な経験や知識がないと、介護スタッフだけでなく、家族や他の事業者からの信頼を得ることはできません。地域や家族から信頼される事業所には、必ず介護現場での経験豊富な相談員がいます。

ケアマネジャーは、要介護高齢者の生活を支援するコーディネーターというべき仕事です。介護保険制度の中核ともいえる仕事であり、その重要性はますます高まっています。

③　世代の広がり

専門職の最大の強みは、年齢に関係なく働き続けられるということです。

高齢者介護は、身体的な負担が大きく若い人向けの仕事だと思われがちですが、最近はノーリフト運動など安全で力に頼らない介護技術が主流になっていますし、介護リフトや介護ロボットなどの開発も日進月歩で進んでいます。「介護の仕事は若いときにしかできない」というのは間違いで、六〇代、七〇代のホームヘルパーも、生きがいをもって活躍しています。

今後は、介護保険施設を退職したあと、生きがいと実益を兼ねて、生活や体力に無理のない範囲で、ホームヘルパーやケアマネジャーをするという人が増えてくるでしょう。

④　ビジネスの広がり

四つ目は、ビジネスとしての広がりです。

「介護ビジネスは儲かる」「これからは介護の時代だ」と勇んで参入したものの経営に苦労しているところは少なくありません。それは、「高齢者介護とは何か」「ケアマネジメントとは何か」という介護の基礎がわかっていないからです。介護の現場、介護サービスの特性がわからなければ、介護の経営はできません。

しかし、高齢者介護は、確実に需要が拡大し成長する産業です。

これからは、サービス管理者、相談員、ケアマネジャーとして現場で、介護の基礎をしっかり勉強したスタッフが、「こういう介護をしたかった」「私の求める介護の姿はこれだ」と高い理念を持って、経営者として事業に参入してくるでしょう。本来、それがあるべき姿であり、その人達が高齢者介護ビジネスの未来を変えていくことになるのです。

介護業界は絶対的な人材不足

もう一つ重要なことは、現在の介護業界は絶対的な人材不足だということです。

「何をいまさら……」と思うかもしれませんが、それは単純に介護労働者の人数が足りないというのとは違います。この業界が抱える根本的な課題は、事業の中核となるサービス管理者が絶対的に不足しているということです。

介護サービスの事業所数は、「要介護高齢者が増える」「超高齢社会に不可欠な事業」と、二〇〇〇年の介護保険制度の発足後、爆発的に増加してきました。その一方で、新規参入事業者が大半を占め、また介護実務や事業特性を理解しないまま拡大路線で進められた計画が多いことから、事業、サービスの中核となる介護リーダーの育成は進んでいません。

従来の社会福祉法人でも、それまでの福祉施策の延長で、地方議員が理事や理事長で、介護経験も介護資格もないその親族や天下り公務員が施設長というところがたくさんあります。口先では「ご利用者様第一主義」「心のこもったケア」などと、立派なことを言っても、「介護してやっている」「素人の家族があれこれうるさい」と、上から目線の介護職員が多いのも事実です。

その結果、大手事業者や社会福祉法人でも、考えられないようなレベルの低い介護虐待や介護死亡事故、介護殺人が発生しています。

ただ、評判の良いデイサービスと人気のないデイサービス、介護事故の少ない特養ホームと多い特養ホーム、離職者の少ない老健施設と多い老健施設、どちらも介護保険制度のもとで行われていますから、サービス内容、価格帯に大きな違いはありません。

前者にはたまたま優秀なスタッフが一生懸命働いていて、後者には運悪く質の低いスタッフが手を抜いて仕事をしているというわけではありません。もちろん、働いている介護スタッフの給与、待遇にも大きな差はありません。

どちらも普通に仕事をしているのですが、その普通のレベルが違うのです。

それは施設長や介護部長といったサービス管理者によって決まります。管理者の能力が高いところは、風通しがよく、介護スタッフはやりがいをもって働いていますし、トラブルやクレームも多くありません。地域の医療機関やケアマネジャー、サービス事業者からの信頼は高く、入居希望者、利用希望者は増えていきます。

これが逆になると、事故やトラブル・クレームが多発することになります。まじめで優秀なスタッフから次々と離職し、隠ぺいや手抜きをするようなスタッフばかりが残り、サービスの継続が困難になります。「介護スタッフの質が低い」と嘆く経営者・管理者がいますが、それは経営者・管理者の質が低いからです。

高齢者介護は、介護スタッフの人数を揃え、マニュアルを渡せばできるというものではありません。その地域ニーズ、個別ニーズに合わせて介護サービスの現場を管理し、その質を向上させる、事業の中核となるリーダーが必要となります。

介護サービス事業の成否は、優秀な管理者を確保、育成できるか否かにかかっているといっても過言ではありません。

一部の経営者は、事故やトラブルが増加する中で、それに気が付き始めています。

高齢者介護は、新しい産業です。上の方でポストが詰まっているという業態ではありません。最近では、介護スタッフから相談員、ケアマネジャーを経て、三〇代後半、四〇代前半で特養ホームの施設長や管理者になる人も増えています。

スタッフ不足を背景にした介護・看護スタッフの派遣会社がたくさんありますが、今後は、中核となるサービス管理者の紹介やヘッドハンティングを手がける会社が増えていくでしょう。知識・経験・能力の高い介護リーダーは取り合いになり、管理職・サービス提供責任者として高給で迎えられる時代になるのです。

大きく変わる「働き方」の概念と価値

ここまで、これからの産業構造の変化と介護労働の未来について述べてきました。

高齢者介護というと、「大変な仕事なのに給与が低い」ということを前提に話をする人が多いのですが、「産業構造・働き方の変化」「職業・仕事の未来」という観点から視野を広げると、少し違う風景が見えてくるでしょう。

もちろん、高齢社会になるからといって、他のどんな仕事よりも介護の仕事の未来は広がっている、将来性が高いと言いたいのではありません。

ただ一つ、確実に言えることがあります。

それは介護だけでなく、どの仕事を選ぶにしろ、労働の価値やその評価基準は、新しいステージに変化しているということです。

それは、「まともな給与をもらって、豊かな生活を営むための働き方はどうあるべきか」「どのような知識・技術を磨けばよいのか」という、最初に掲げた「これからの仕事」の問いに対する一つの答えでもあります。

現在、多くの企業で、労働者の賃金体系・評価基準は「年功序列」から「成果主義」に移行しています。年齢や勤務年数ではなく、実際にどのような業績を上げたのか、どれだけ会社に貢献しているのかによって、給与や昇進、待遇は変わってきます。

しかし、その流れもまだ企業内評価の延長でしかありません。

企業内評価は、その組織が安定的に存続をしていることが前提となりますが、産業構造の変化、急激な為替変動、テクノロジーの進化、消費者ニーズの変化、それに伴う企業間競争、国際競争が激しさを増す中で、それぞれの企業、組織が生き残りを賭けて激しい戦いを迫られています。

採算の取れない部門は切り離し、縮小、閉鎖、売却が進められています。

会社が倒産してしまえば、部長も専務もありません。「一〇年前、一五年前にこの会社にどれだけ貢献したか」「この会社の基礎となる商品を作った」という武勇伝が通用するのは、その社内だけです。再就職活動をしても、多くの人はそれまでの給与と同程度、それ以上の待遇を求めることは不可能です。これまでの積み重ねの中で、組織内で与えられていた評価と、資本主義経済・労働市場の中で、個人の労働者、職業人として与えられる評価は違うからです。

この「リストラ」は、一般的に人員整理や賃金カットなど、対労働者向けの言葉として使用されていますが、本来のリストラクションの意味は企業体の再構築です。

ただ、このビジネス用語さえも、すでに時代遅れのものとなっています。

古い建物を壊して、時代に合った新しいビルをつくるようなリストラクションではなく、昔のロボットアニメにでてくるような、時代に合わせて常に変化していくトランスフォーメーションが、新しい企業の姿です。

市場価値の高い介護のプロになる

これからは、企業や会社というものの組織、概念そのものが大きく変わってきます。

それに合わせて、仕事も働き方もその評価も、大きく変化していきます。

それは、これからの労働者・職業人は、自らの労働の価値を企業内・組織内の評価だけではなく、社会・市場の評価、価値の向上を目指して働く必要があるということです。

ヘッドハンティングは、ますます盛んに行われていますし、優秀な人材はライバル会社により高い給与・待遇で引き抜かれていきます。

市場価値の高い労働者の待遇は、企業の経営状態に左右されません。

介護業界も本格的な競争の時代に入りますから、M&Aで吸収されたり、倒産する事業者も増えていきます。また、今は慢性的な介護スタッフ不足だと言われていますが、景気変動や産業構造の変化で、多くの労働者は介護に戻ってくるでしょう。

それでも、経験や知識の豊富な介護スタッフの市場価値は値崩れしません。

今でも優秀な管理者やケアマネジャー、介護看護スタッフには、他の事業者から高い給与で引き抜きの声がかかっています。「あいつが辞めるらしい……」といううわさが立つと、「うちに来ないか」という声が、周辺の事業者から一斉にかかります。それは、その人の仕事・能力が、個別企業に求められているのではなく、これからの社会に必要とされているからです。

もちろん、仕事のやりがいは給与や待遇だけではありませんから、「自分の居心地の良い場所で、信頼できるスタッフと楽しく仕事をしていたい」という人もたくさんいます。「六〇歳で定年になれば、仲間と理想の老人ホームを作る」「そのまま働いて、そのままそこに入る」と笑いながら、いい顔をして仕事をしています。

そのためには、自らキャリアアップを目指して、市場価値の高いプロになる必要があります。介護業界には、そのチャンスが大きく広がっているのです。

第二章　未来は働く事業所で決まる

介護の労働の未来は大きく開けている、将来性も安定性も高い仕事だという話をすると、「私の周りでは、実際に……」「介護の現場で働いているけど……」とたくさんの反論がきます。

そのすべてを否定するつもりはありません。

ただ、それぞれの話を聞いていると、そのほとんどは介護の仕事が大変なのではなく、働いている事業所の労働環境に問題があることがわかります。

介護業界には悪徳業者は少ないのですが、その反面、素人業者が多いのが特徴です。サービスの向上、労働環境の改善に真摯に取り組んでいる事業者も多い一方で、目先の利益にしか興味がなく、「介護なんて誰にでもできる仕事」とその専門性を軽視している経営者も少なくありません。どのような事業所で働くのかによって、介護労働者の未来は天と地ほどに変わってきます。ここでは、どんな事業所で働いてはいけないのか、どのような視点で働く事業所を選ぶのかについて考えます。

一　介護労働者の未来をつぶす素人経営者

介護を理解しない素人事業者の台頭

最近は、若い人の中にも独立や起業を考える人が増えています。

その業界、仕事に対する誇りや強い思い入れがあり、創意工夫しながら、これまでにないもの、新しいものを作り出そうという熱意、意欲にあふれています。独立心をもって働いている人が多い業界には活気があり、それが産業を発展させる大きなエネルギーになっています。

介護業界も、異業種からの新規参入事業者が多く活気のある業界ですが、その事情は少し異なります。高齢者介護の知識も経験もなく、介護事業に対する熱意や思い入れもなく、「介護は儲かりそうだ」「これからは介護ビジネスの時代だ」と安易に参入、拡大してきた素人経営者、素人事業者が少なくないのです。

その特徴は、大きく三つ挙げられます。

①　簡単に儲かると思っている

一つは、要介護高齢者が増えるから、介護事業は簡単だと思っていることです。

私の仕事は、介護ビジネスの経営コンサルタントです。

「低価格の介護付有料老人ホームを開設したい」

「訪問介護を併設した低価格のサービス付き高齢者向け住宅を開設したい」

たくさんの人が、事業計画書、収支計画書をもって相談に来られます。

しかし、見せられるのは事業計画ではなく、建築会社や設計会社の作った「表面利回り○％」「実質利回り△％」と大きく書かれた投資計画です。「どのような介護がしたいですか？」「このエリアには、どのようなニーズがありますか？」と聞いても、ほとんどの人は答えられません。

「夜勤が一人になっていますが、夜間に事故やトラブルが発生すればどうするのですか？」

「介護スタッフの給与は、一〇年経っても、二〇年経っても同じなのですか？」

表面的に気づいたことを質問しても、その事業計画、収支計画の中身を、理解していない人もいます。中には「私は単なる家主ですから、事業者責任と言われても……」「事故やトラブルが起きれば私の責任になるのですか？」と当事者意識のない人さえいます。

②　介護の専門性を理解していない

二つ目の特徴は、介護の専門性を理解していないということです。

述べたように高齢者介護は、高い技術や知識が必要となる専門的な仕事です。

しかし、素人経営者は、介護の現場で働いた経験がないため、「家族でもできる仕事」とその専門性を理解しようとしません。高齢者の性格や生活リズムを考えながら行う、質の高い介助ではなく、「一時間に一〇人は排泄介助できるはず」「ICTを導入すれば、スタッフ数が減らせる」と、効率性や利益率のみを追求した、流れ作業のような機械的な介助を求めます。

その結果、「その人数で夜勤は無理だ」「その配置で入浴介助は危険だ」という現場の介護スタッフの声にも耳を貸さず、過重労働で事故やトラブルが多発することになります。

③ 法令順守・コンプライアンスの認識が乏しい

もう一つは、コンプライアンスの認識が乏しいということです。

介護事業に参入するためには、介護保険法など、法律・制度の理解・順守は基本です。

しかし、「防災訓練ができていませんね」「その介護報酬の請求はできませんよ、違法ですよ」といっても、「忙しいからそのうちに……」「この程度のことはどこでもやっている……」とどこ吹く風です。「書類上は介護したことにしている」「介護時間を守っていることにしている」と明らかな不正を行っている事業者もいます。

このような事業者は、労働者に対するコンプライアンスの意識も希薄です。

一部の事業所ではスタッフ不足が常態化しており、夜勤明けなのに人が足りないからとそのまま日勤業務をさせられたり、サービス残業も日常化しています。

一般の業界であれば、このような質の低い素人経営では事業を継続することはできません。

しかし、指導や監査を行う行政の体制が全く整っていないため、素人経営でも、不正請求でも生き残っていけるというのが現在の介護業界です。劣悪な環境に要介護高齢者を囲い込み、社会保障費を搾取する「無届施設」のような違法な貧困ビジネスも、いまだ大手を振って、高い利益を上げて経営しています。

このようなレベルの低い素人事業者の存在が、介護業界の抱える最大の課題であり、介護労働者の労働環境が改善されない最大の理由です。

「介護は劣悪な仕事」なのではなく、「その事業所の労働環境が劣悪」なのです。

「介護の仕事に未来がない」のではなく、「その事業所で働いていても未来がない」のです。

ただそれは、「質の高い介護ができない」「給与が上がらない」というだけではありません。このような素人事業者のもとで働き続けていると、人生を踏み外すことになるのです。

ある日突然、業務上過失致死に問われる

二〇一二年に、ある介護付有料老人ホームで、要介護2の女性入居者が入浴中に亡くなるという痛ましい事故が発生しました。

「介護付」と言っても、一人の入居者に二四時間、介護スタッフが付き添うわけではありません。どれだけ高い技術、知識をもってしても、事業者や介護スタッフが細心の注意を払っていても、疾病の急変や転倒などの事故をゼロにすることはできません。

しかし、これは適切な通常の介助を行っていれば、確実に防ぐことのできた死亡事故です。課題は大きく分けて二つあります。

一つは、入浴介助の方法です。

当初、この事業者は家族に対して、「一〇分ほど目を離した隙に心肺停止した、病死」と説明していました。その老人ホームでは、普段から要介護高齢者を一人で入浴させることが、一般的に行われていたのかもしれません。

しかし、入浴は身体的な負担が大きい生活行動です。

特に、この女性は、パーキンソン病で何度も転倒しており、一人で入浴させることのリスクは十分にわかっていたはずです。「付き添う必要はない、一〇分程度目を離すのなら問題ない、介護ミスではない」というのは、ケアマネジメントに従って介助していないというだけでなく、要介護高齢者に対する入浴介助の考え方が根本的に間違っています。

もう一つは隠ぺいです。

警察が施設内の防犯カメラを解析したところ、「一〇分ほど目を離した」というのは事実ではなく、実際は八〇分以上、誰も浴室を確認しておらず、放置されていたことがわかりました。

事業者からの説明が正しいかどうかは、離れて暮らす家族にはわかりません。しかし、家族への説明が真実でないことは、事故を起こした当事者だけでなく、他のスタッフを含め全員が知っています。

それは、事業者・管理者みずからが、不都合なことは隠してよい、ミスをしてもわからなければ良い、ごまかせばよいとスタッフに指示しているのと同じです。その場は乗り切ったように見えても、その組織、サービスを根底から腐らせていきます。

仮に、故意的な隠ぺいの意図はなかったとしても、入居者が入浴介助中に死亡するという重大事故に対して、「何が起こったのか」「何が原因だったのか」、事故発生の状況や原因を事業者として調査、検証しておらず、その重大性をまったく認識していないということは明らかです。

警察が入り、防犯カメラで確認できたために発覚し、大きなニュースになったのですが、そうでなければ「今度から気を付けてね」という程度で、何事もなかったように済まされていたのでしょうか。他にも表面化しないだけで、隠ぺいされた事故がたくさんあるのだろうと思われても仕方ありません。

介護スタッフ、ケアマネ、管理者までも書類送検に

ただ、そのリスクは、入居者だけに及ぶのではありません。

今回の死亡事故では、必要な介助を怠ったとして、女性施設長とケアマネジャー、二人の介護職員の四人が、「業務上過失致死」に問われています。検察が起訴すれば、被告人として裁判となります。最悪の場合、禁固刑、つまり刑務所に入ることになりますし、執行猶予でも、その期間、ケアマネジャーや介護福祉士は欠格となります。

「要介護高齢者を八〇分以上も浴室で放置する」という重大過失ですから、介護職員だけでなく、ケアプランの管理が適切でなかったケアマネジャーや、サービス管理者である施設長も、個人として法的責任を問われるのは仕方ありません。

ただ、その一方で、四人の方を厳しく糾弾する気持ちにはなりません。

どちらかと言えば、非常に気の毒に思っています。

たまたま担当ケアマネジャーで、当該二人の介護職員も、運悪くその日の入浴介助の担当だったというだけです。「他の入浴者の対応で忙しかった」とのことですから、普段から安全な入浴介助ができる体制ではなかったことがわかります。

彼らも、きちんとサービス管理のできている事業所、企業で働いていれば、このような危険な入浴介助を行わずに済みますし、罪に問われることもなかったはずです。

このような入浴介助の人員配置やケアマネジメント、更には死亡事故の隠ぺいに対して、誰も疑問を感じないような雰囲気だったのでしょう。誰一人、自分が業務上過失致死に問われるなどと、考えもしなかったでしょう。

企業の収益性や過度な効率性が優先され、その閉鎖的な環境の中で、高齢者介護の専門職としての感覚が麻痺してしまっているのです。

介護の専門性が踏みにじられるケアマネジャー

介護の現場で、利益優先の経営者に介護の専門性が踏みにじられているというケースは、介護事故の対策だけではありません。

現在の介護業界の抱える最大の問題が、ケアマネジメントを歪める経営者の存在です。

「要介護3」と認定されても、一人ひとり、右半身麻痺、左半身麻痺といった身体状況や認知症の程度、持病や生活環境、生活上の希望は違います。

そのため、身体機能の把握とともに、生活状況や困りごと、どのような生活をしたいのかという希望を聞き取り、生活上の課題や事故リスクを分析（アセスメント）します。その上で、訪問介護、訪問看護、通所介護、ショートステイなどの様々なメニューの中から、必要なサービス・回数を選択し、その要介護高齢者に最も適したケアプランを策定します。

このケアプランに基づいて、各種介護サービスが提供されます。

この一連の流れを、ケアマネジメントと言います。

ケアプランの策定はケアマネジャー（介護支援専門員）の有資格者のみに許された仕事です。その資格試験を受けるには、社会福祉士や介護福祉士などの国家資格と介護現場などでの五年以上の実務経験が必要です。また二〇一六年の合格率は一三％と取得の難しい資格でもあります。

しかし、一部の素人事業者は、この介護保険制度の基礎であるケアマネジメントの重要性や、ケアマネジャーの専門性、独立性というものを全く理解していません。そのため、「要介護状態を重度化させるように調査票を書け」「区分支給限度額の上限までサービスを入れろ」「同一法人の訪問介護サービスだけを使え」「利益率の高い福祉用具を使わせろ」などという不正を平気で指示しているのです。

「投薬で治せるけれど、手術をする」という医師を許せますか？

中には、「その程度の指示は当然」「どこでもやっていることだ」と公言する人もいます。もしかしたら、現在、仕事をしている介護スタッフやケアマネジャーの中にも、「介護業界にはよくある話だ」と疑問に思わない人がいるかもしれません。

しかし、それは介護職の感覚としては黄色信号です。

このケアマネジメントに営利目的で第三者が関与すること、またケアマネジャーがその指示に従うことは、介護保険法の根幹に関わる重大な法律違反です。

それは、医師が、医療のことを知らない第三者の指示に従って疾病の診断、病状の度合い、治療方針を変更するというのと全く同じことだからです。

「軽度の胃潰瘍だけれど、胃がんの恐れが高いということにしろ」
「本人にあった薬ではなく、一番利益率の高い薬を処方しろ」
「投薬で十分に治癒が可能だけれど、保険点数の高い開腹手術をしろ」
「胃がんのステージⅠだけれど、ステージⅡということにしろ」

本来の適正なケアプラン

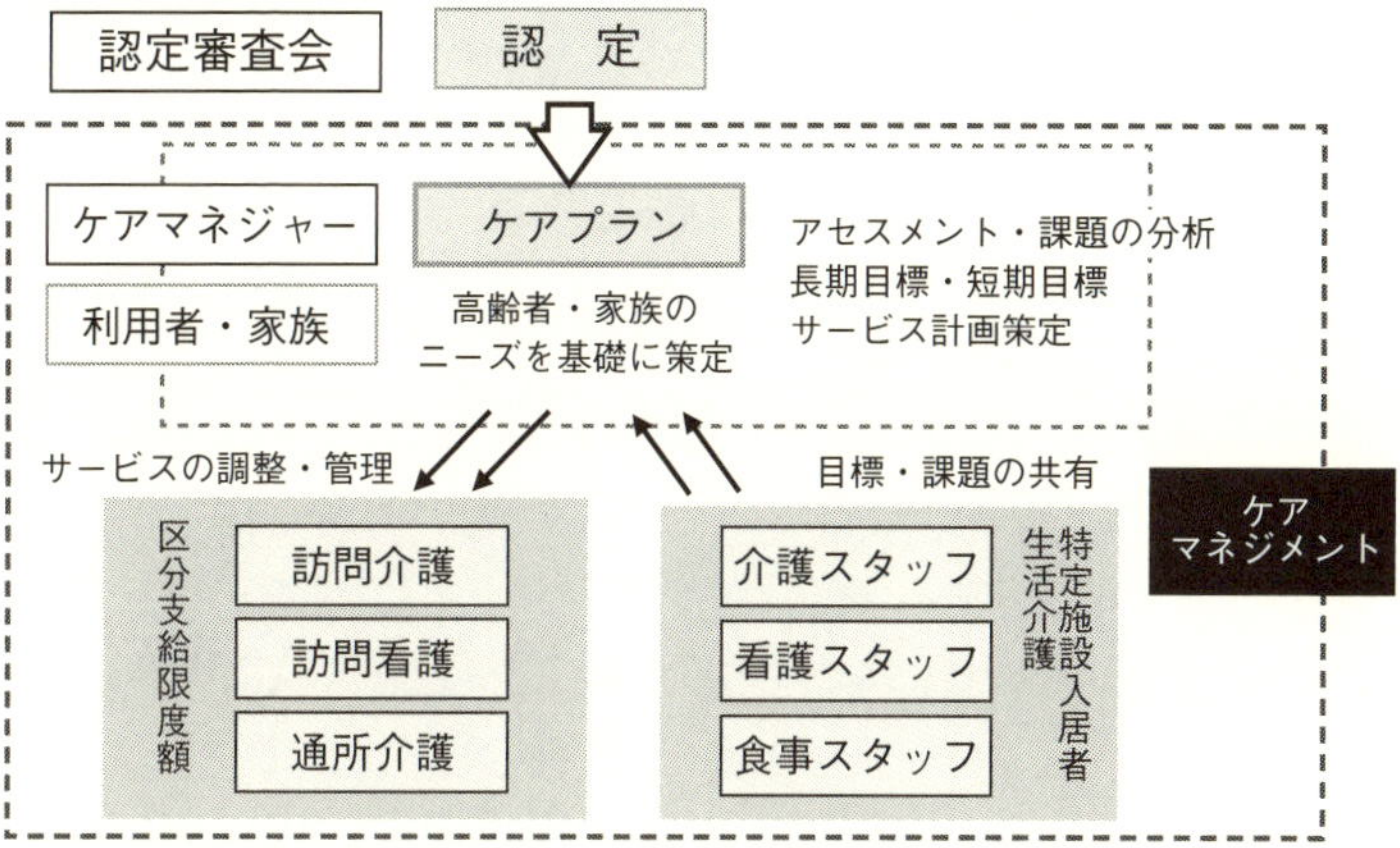

不適切なケアプラン

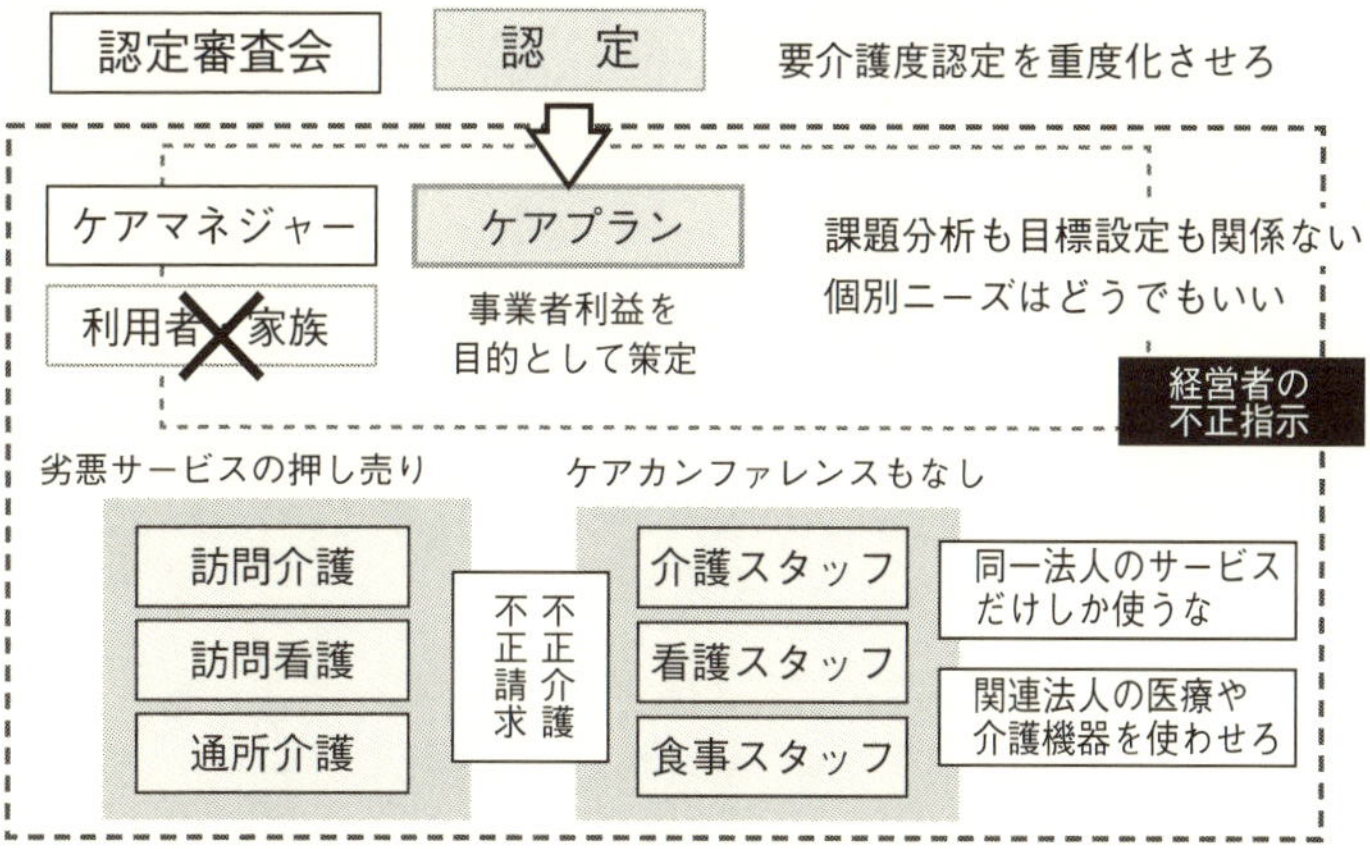

そう言われて、それに従う医師がいるとすれば、明らかな医師法違反です。発覚すれば、間違いなく保険医の指定は取り消されることになります。

同様に、ケアマネジメントの不正は、ケアマネジャーの資格の停止、はく奪になっても当然の行為です。もし、利益誘導のためのケアプランの改竄が少しでも許されるのであれば、介護保険制度の根幹が揺らぎます。

また、それはケアマネジャーが職業倫理と専門性に基づいて策定したケアプランではなく、生活の改善にも役に立たない、介護サービスの押し売りです。ケアマネジャーを信頼して任せてくれた要介護高齢者やその家族を、裏切る行為です。

ただ、残念ながら、「よくある話」と言われるように、このような制度の根幹にかかわる不正を「経営ノウハウ」だと勘違いしている素人経営者や、そのような指示に従っているケアマネジャーも少なくないというのが、介護業界の大きな闇なのです。

「囲い込み」による不正請求が横行する高齢者住宅

このような「囲い込み」とよばれるケアマネジメントの不正が、特に多く発生しているのが、訪問介護や通所介護が併設された、区分支給限度額方式をとるサービス付き高齢者向け住宅（サ高住）や住宅型有料老人ホーム、無届施設です。

囲い込みは、同一・関連法人の介護や医療サービスをたくさん使わせることだと勘違いしている人が多いのですが、その不正の本質は事業者による利益誘導を目的としたケアマネジメントへの関与にあります。

ただ問題はそれだけではありません。明らかな介護報酬の不正請求に、ケアマネジャーやホームヘルパーが加担させられている事業所もあるのです。

現在の高齢者住宅に適用される介護報酬は、介護付（特定施設入居者生活介護）と住宅型（区分支給限度額方式）に分かれています。

「介護付ではないけれど、訪問介護サービスが併設されています」

「二四時間三六五日、ホームヘルパーが常駐します」

と言われると、「サ高住や住宅型でも特養ホームや介護付と同じようなサービスが受けられるんだな……」と思ってしまいますが、その二つのサービスの範囲は全く違います。

一つは、介護サービスの種類です。

要介護高齢者の生活を支えるために必要な介助は、「排泄介助」「入浴介助」といった定期的な直接介助だけではありません。

「今日はおなかの調子が悪いので何度もトイレに行きたい」「汗をかいたので着替えたい」といった臨時のケア、寝たきり高齢者の寝返り介助、車いすからベッドへの移乗、居室から食堂への移動など、ごく短時間の隙間のケアのほか、食事中の見守りや声掛け、夜間の巡回など直接高齢者に触れない間接介助、コール対応や緊急対応なども、不可欠な介助です。

介助種類と介護保険対応の範囲

直接介助	定期介助	排泄、食事、入浴など、定期・個別介助
	臨時のケア	日々の体調変化によって必要となるケア
	隙間のケア	移乗介助・移動介助など、短時間のケア
間接介助	状態把握	継続的な状況把握・様子観察
	見守り・声かけ	事故予防の見守り、注意喚起、声かけ
	定期巡回	急変・事故発見のための見回り、巡回
随時緊急対応	コール対応	緊急・随時の依頼、連絡対応
	緊急対応	急変・事故発生時の緊急対応

介護保険適用の考え方の違い

		一般の訪問介護	特定施設
直接介助	定期介助	○	○
	臨時のケア	△	○
	隙間のケア	×	○
間接介助	状態把握・観察	×	○
	見守り・声かけ	×	○
	定期巡回	×	○
緊急対応	コール対応	×	○
	緊急対応	△	○

特定施設入居者生活介護

ケアプランに示された内容に基づいて、
介護看護サービスを提供する

住居等と介護サービスを一体的に契約

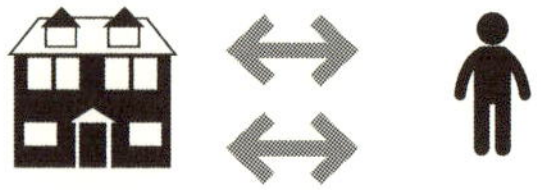

日額包括算定であり、介護時間について
厳格に示されていない

介護スタッフ　看護スタッフ

区分支給限度額方式

ケアプランに示された内容・時間に基づいて、
介護看護サービスを提供する

住居・食事・相談サービス等の契約のみ

出来高算定であり、介護時間について
厳格に示されている

通所サービス事業　訪問サービス事業

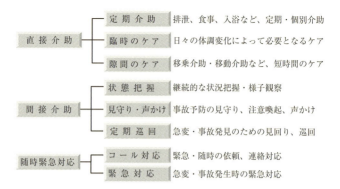

表に示したように、介護付有料老人ホームに適用される「特定施設入居者生活介護」の場合、それらすべての介助は介護報酬の中に含まれています。介護保険施設も同じです。介助の中身、種類に規定はありません。排泄介助の合間に、他の入居者の見守りや声掛け、定期巡回、コール対応などを行います。

一方の、「区分支給限度額方式」の場合、訪問介護に含まれるのは、「定期介助」だけです。そのため、臨時のケアや緊急対応で通院介助を行う場合でも、ケアマネジャーに事前に相談し、ケアプランを書き換えてもらわないと、介護保険の適用対象にはなりません。また、隙間のケアやその他の間接介助は介護保険の適用対象外です。それらの介護を受ける場合は、すべて自費になります。

「介護付」と「訪問介護付」は全く違うもの

もう一つは、介助時間の違いです。

例えば、介護付有料老人ホームの場合、Aさんの排泄介助が終われば、次のBさんの排泄介助に向かうことができます。介護時間は、「食後、食前に……」などと指定されていますが、服薬時間など特別なものを除き、「〇時に必ず」「三〇分は必ず」というものではありません。

これに対し、区分支給限度額方式の訪問介護では、「Aさん　排泄介助　一〇時～一〇時三〇分」と介助内容だけでなく、介助時間が明確に指定されており、この時間を厳格に守る必要があります。一〇分程度で排泄介助が終わっても、次のBさんの介助を行うことはできません。そこに三〇分留まって、話し相手をしたり、トイレを掃除するなどの関連介助を行わなければなりません。もちろん、時間内に他の高齢者からコールが鳴っても、駆けつけることもできません（駆けつけても良いのですが、どちらの介護報酬も請求できません）。

それは、介護報酬算定の考え方が違うからです。

特定施設入居者生活介護の介護報酬は、「一日〇〇単位」と日額で包括的に算定されています。「どの介護、どの時間がAさんのもの」「保険対象となる介助、ならない介助」という規定はありません。特養ホームや老健施設、グループホームなども同じです。

これに対して、区分支給限度額方式では、Aさん個人の利用限度額を使って、Aさんと個別に契約した時間、内容で介護サービスを提供するという方式です。介護報酬も「三〇分の身体介護」とその報酬単価が明確に定められています。ですから、その介助内容だけでなく、「三〇分」という時間を厳格に順守する必要があるのです。

しかし、この原則を曖昧にしている事業者があるのです。

例えば、述べたように短時間の隙間のケアや見守りや声掛け、緊急対応というのは訪問介護で算定することはできません。介護保険対象外ですから、そのサービスを受けるにはすべて「コール対応　一回〇〇円」「間接介助　月額〇〇円」と自費で支払うことになります。「常駐しているホームヘルパーが無料で対応します」という事業者もありますが、その人件費は誰が負担しているのかという疑問がわきます。

また、区分支給限度額における通常の訪問介護の基本は、「二〇分以上」ですから、連続的に行ったとしても、一時間に排泄介助できるのは基本的に三人以内です。厳しい要件のもとで、「二〇分以内の身体介護」という報酬算定もありますが、当然、これもケアプランに基づいて時間通りサービスが提供されなければなりません。

「不正は指示していない」と現場に責任転嫁をする経営者

そう考えると、同じサービスを提供しても、臨機応変な対応が可能な介護付有料老人ホームよりも、何倍ものホームヘルパーの配置が必要です。更に、見守りや巡回、コール対応などの対象外のサービスを確実に行うためには、そのための介護スタッフを、訪問介護のホームヘルパーとは別に確保しなければなりません。

しかし、低価格のサ高住や住宅型有料老人ホームには、介護付有料老人ホームと同程度、もしくはそれ以下の少ない数のホームヘルパーしか常駐していません。それは介助内容や介護時間が守られていない可能性が高いということです。

もちろん、すべてのサ高住や住宅型有料老人ホームで不正が行われている訳ではありません。ただ、実際にこれらの高齢者住宅で働いていたというホームヘルパーと話をすると、「三〇分の報酬をとっているけど、一〇分程度しかいない」「時間の管理は誰もせず、臨機応変に動いている」という声は少なくありません。中には、ケアプランなど見たこともなく、実施報告など書いたこともないという人もいました。全く違う内容で介護をしているけれど、介護報酬の請求上は、ケアプランの時間通りに介護をしていたことにされ、自分の名前の印鑑を勝手に押されているというのです。

ここまでくれば不正請求というよりも、明らかな詐欺です。

なぜ、このような不正が横行するのかと言えば、介護付（特定施設入居者生活介護）の報酬よりも、住宅型（区分支給限度額方式）の限度額の方が大きいからです。要介護3以上の重度要介護高齢者になると、その差は月額八万円～一三万円にも広がります。

ケアプランの時間通りに介護を行っていないのは、不正ではないかと何人かの経営者に問うと、異口同音に「明確な不正の指示はしていない」「専門職なんだから介護現場の問題だ」「自分は知らない。現場のスタッフに任せてある」と責任転嫁をしました。

ただ、ホームヘルパーは、素人ではなく資格を持った専門職種ですから、「知らなかった」「不正だと思わなかった」ではすみません。不正が発覚すれば、資格停止・資格はく奪だけでなく、「やっていない訪問介護を、時間通りやった」と印鑑を押しているのですから、最悪の場合、莫大な金額の報酬返還を連帯して負うことになります。

また、もし入居者が部屋で亡くなった場合、病死、事故死にかかわらず警察の現場検証が入ります。「ケアプラン通りに決められた介護を行っていなかった」「そのために発見が遅れた」「そのために死亡事故が発生した」となれば、業務上過失致死に問われることになります。

ケアマネジャーも、適切に介護サービスが提供されているか確認する義務がありますから、「知っていたけど黙認していた」ということになれば同罪です。

素人事業者で働くと身を滅ぼすことになる

コンプライアンスの意識の低い素人経営者のもとで働いていると、いつか必ずそうなります。

この問題の根幹は、高齢者住宅に適用される介護報酬が、「特定施設入居者生活介護」「区分支給限度額方式」と二つの体系に分かれている制度矛盾にあります。だからといって、このような不正がいつまでも許されるわけではありません。

「こんなはずではなかった……」と後悔しても取返しはつきません。

「どこでもやっている……」「私たちだけではない」と安易に考えているケアマネジャー、ホームヘルパーは赤信号です。不正が日常化する閉鎖的な環境の中で、完全に感覚が麻痺しているのです。医師の診断や治療方針を営利目的に変更してはいけないのと同じように、ケアマネジャーの独立性やホームヘルパーの専門性も同様に尊重されるべきなのです。

このような経営者のもとで働くこと、その指示に従うことは、介護のプロとしての、これまでの努力を自ら貶める行為だということに、気が付かなければなりません。

その感覚の麻痺は、早晩、必ず自分の身を滅ぼすことになるのです。

二　介護サービス事業者を見る目を養う

どのような介護サービス事業所で働くのか

安心して介護の仕事をするためには、また介護のプロになるためには、働く事業者をしっかりと選ぶことが必要です。

介護業界は、「素人事業者の多い怖い業界だ」と思うかもしれませんが、そうではありません。述べたような一部の事業者を除けば、介護に対する意欲やその仕事に対する誇りを持ち、向上心の高い人の多い業界でもあります。

最近では、他の業界と同じように、介護の現場で経験を積んだ人が、「質の高い介護をしたい」「難しいケースに寄り添うような介護をしたい」と参入を始めています。「最初の数年は赤字でもいい」「地に足をつけて、長期的にノウハウを蓄積していこう」という経営者もたくさんいます。社会福祉法人でも、職員の待遇改善、サービス向上に積極的に取り組むところが増えています。

働く介護サービス事業所選びに必要なポイントを三つ挙げます。

①　安心して働ける環境

高齢者介護は、医療や看護と同様に、一瞬のミスが重大事故に直結するリスクの高い仕事です。また、デイサービスや介護保険施設で、インフルエンザやO157などの感染症や食中毒が発生すれば、高齢者は抵抗力が弱いために命に関わる重篤な状態になります。地震や火災が発生すると、逃げ遅れて多数の死傷者がでる大惨事となります。

それは働く介護労働者のリスクでもあります。

無理な姿勢で介助して腰痛など体を痛めることもありますし、高齢者を庇って転倒し骨折することもあります。感染症に気が付かないまま介護をして、自ら罹患するリスクもあります。

「夜勤時に、大きな地震が発生して何人かの入所者が怪我をした」

「デイサービスの送迎時に、交通事故に巻き込まれてしまった」

「ショートステイ利用者の一人が、インフルエンザにかかっていることがわかった」

「訪問介護で認知症高齢者が急に怒り出し、トラブルになった」

安心して働くには、事業種別に合わせて様々なリスクを想定し、マニュアルの整備や教育訓練など、その対策を適切に講じている事業所であることが必要です。

②　努力が報われる環境

介護は専門職種ですから、年功序列で段階的に給与が上がっていくような仕事ではありません。

しかし、上位資格をとっても給与が上がらない、どれだけ努力しても、自分の望む役職や業務には就けないということでは、やる気がなくなってしまいます。

それは企業、法人の体質によって、大きく違っています。

大手事業者でも、資格手当も賞与も低く、サービス管理者になっても責任が重くなるだけで、給与は一般の介護スタッフと変わらない、四〇〇万円程度というところもあります。また、地方議員が理事長で妻が施設長、息子が事務長など、役職者がすべて一族で占められていたり、三年交代で行政からの天下り公務員が施設長や事務長をしているという社会福祉法人もあります。

このような法人では、一部の人たちだけが高い給与をとっているため、努力をしても給与や待遇は改善されません。

③　成長できる環境

介護の職場を選ぶために、最も重要になるのは成長できる環境です。

介護サービスの実務・ノウハウの高い事業所で働くことができれば、「どのような事故があるのか」「どうすれば安全に介助できるのか」がわかってきます。ケアマネジメントにおけるケアカンファレンスやモニタリングの重要性、チームケアの構築、他事業者との連携の方法も見えてきます。

一年目は新人職員として研修を受けていた人も、三年目になるとＯＪＴの新人教育係となり、五年後には新人教育のプログラムを策定、監督する立場になります。無資格で特養ホームで働き始めたけれど、初年度に事業所の支援で介護職員初任者研修、実務者研修を受け、三年働いて介護福祉士を受験し、通信大学に通いながら社会福祉士になり、五年後にケアマネジャーになるという人もいます。

資格取得やキャリアアップを積極的にバックアップしてくれる企業、法人で働くのか、「介護労働者の頭数がいればいい」という、介護の専門性を理解しない事業所で働くのかによって、三年後、五年後には、その未来は大きく変わってきます。

事業者のチカラが見える教育体制

素人経営者かプロの経営者か、その違いが最も現れるのが教育体制です。

教育訓練には、時間もお金も、手間もかかります。人材育成に積極的に投資しているということは、短期的な利益ではなく、サービスの質の向上を基礎として、長期的視点から経営を考えている事業者だということです。

また、その中身を見れば、ケアマネジメント、リスクマネジメントといった介護の専門的な知識・技術・ノウハウだけでなく、一人ひとりのスタッフの人生や未来を大切にする企業・法人なのかもわかります。

この介護人材の育成、教育プログラムは、その役割、目的から「新人教育」と「キャリアアップ研修」に分かれます。そのポイントを簡単に整理します。

【新人教育プログラム】

一つは、新人教育です。

「とりあえず現場に出てもらって、先輩を見ながら少しずつ慣れていけばよい」という事業所がありますが、それは適切な方法ではありません。述べたように介護は、小さな介助ミス、一瞬のスキが利用者の生命に関わる重大事故に発展する可能性があるからです。

新人教育の目的は、「事故やトラブルを発生・拡大させない」という一点に絞られます。「介護事故はどのような場面で発生するのか」「事故を防ぐための介護の方法」「事故の発生・発見時の初期対応」などについて、最初の段階でその基礎を十分に理解する必要があります。

また、防災や食中毒、感染症の予防、発生時の対応も、業務マニュアルや防災訓練を通じて徹底します。合わせて教育担当を置くなど、わからないこと、疑問に思うこと、気が付いたことは、すぐに報告、連絡、相談できる体制を構築しなければなりません。

新人教育の充実度は、早期の離職率と相関関係にあります。

新人職員は、他のスタッフや利用する高齢者との人間関係ができていないため、介護の経験者、未経験者を問わず、とかく不安やストレスが大きいものです。

サービス現場に入っても、最初は利用者の名前と顔、要介護状態が一致しません。利用者から

新人スタッフ　研修内容と流れ　（介護スタッフ例）

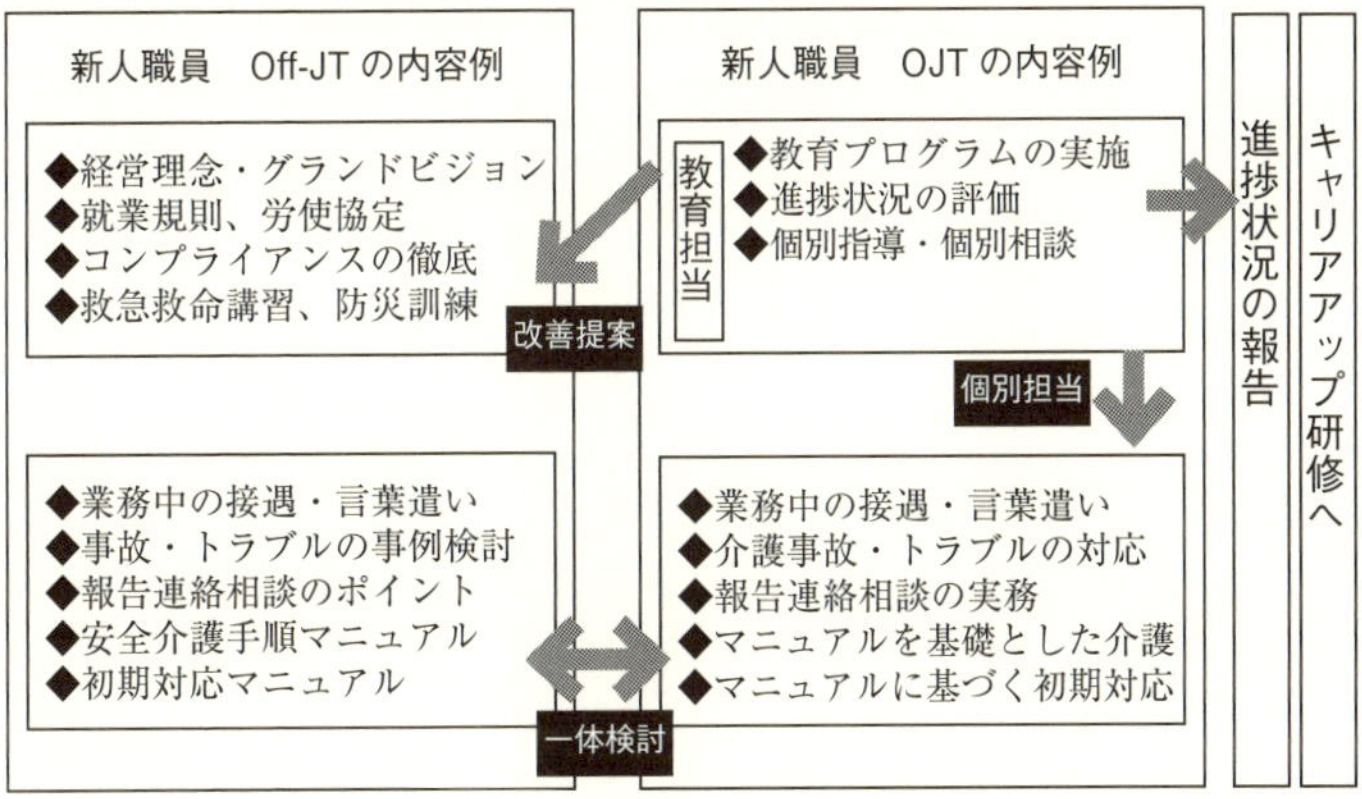

何か依頼されてもそれを行ってよいのか判断できませんし、食事の配膳さえ一人ではできません。

「わからないことがあれば近くのスタッフに聞いて下さい」と言われても、忙しく働いている先輩スタッフの手を止めることは気を使いますし、誰もが気軽に、優しく対応してくれるわけでもありません。

「忙しいから……」「一応経験者だから……」と介護事故のリスクなどに対する新人教育が十分に行われないまま、すぐに単独業務や夜勤を命じられると、身体的な負担に精神的な負担が重なります。事故やトラブルが増えるだけでなく、真面目でやる気のある職員ほど、ストレスで早期に離職してしまい、更に人材不足が進むという悪循環に陥ることになります。

【キャリアアップ研修プログラム】

もう一つは、個々の職員のキャリアアップを支援する研修プログラムです。

スタッフ教育というのは、経営者からみれば「事業者の求める人材を育成すること」であり、個々の労働者からみれば、「介護のプロとして自らの市場価値を高めること」です。それは、個々人の資格取得目標や将来設計、事業者の労務管理や人事評価まで含まれます。

図のように、キャリアアップ研修は「目標設定」「目標に対する教育プログラムの作成」「診断」「評価」に分かれます。

介護付有料老人ホームで働く、三年目の男性の介護スタッフを例に挙げてみましょう。

彼は、将来ケアマネジャーになりたいと希望し、現在、福祉系大学の社会福祉士養成の通信教育を受けています。

今年の個人目標は「社会福祉士の資格取得」であり、事業者は「新人職員の教育担当」を要望しています。事業者と彼との間で目標が共有できれば、事業者は新人教育に必要な知識、ノウハウを伝え、その努力を促すとともに、個人目標である資格取得に向けて、大学のスクーリング・実習にスムーズに通えるように勤務上の配慮を行います。

そして、定期的にそれぞれの目標がどの程度達成できているか、何か課題はでてきていないか、困っていることはないかなど、アドバイスを重ね、年度末にその達成度について診断・評価を行い、次年度の目標設定につなげていきます。

この新人教育やキャリアアップ研修の内容は、訪問サービス系、通所サービス系、介護保険施設、高齢者住宅など、事業種別によって違いますし、法人や事業所の規模によっても変わってき

キャリアアップ研修の全体像

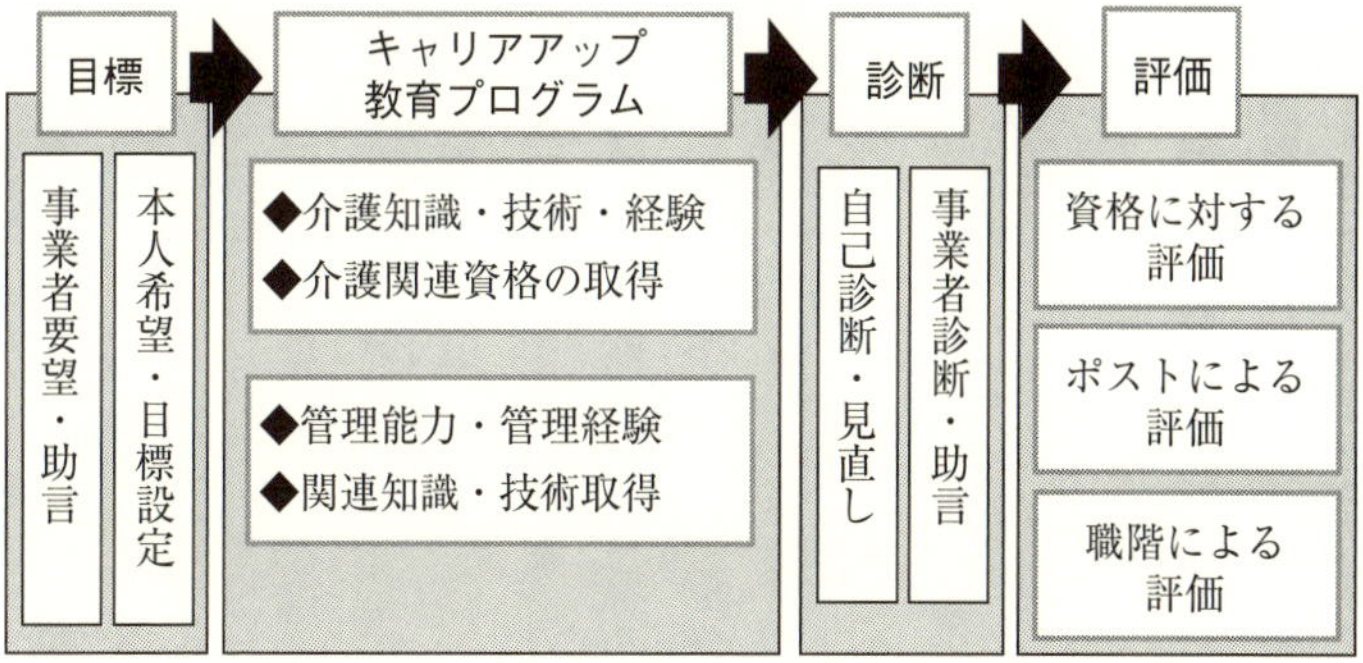

ます。

「大きな法人の方が、教育がシステム化されている」「個人事業所ではキャリアアップのプログラム化に限界がある」というわけではありません。

小さな法人、単独事業所でも、経営者が直接、個別のスタッフに、「仕事の上で困っていることはないか」「どんなことがしたいのか」「将来、どのような業務につきたいのか」など個別に聞き取ることができます。その要望をもとに「木曜日はAさんが早く帰れるように……」「Bさんはレクレーションが得意だから、研修に行って深く勉強してもらおう」などと、よりきめ細かな教育プログラムや心配事への対応ができます。

働く介護スタッフにとっても、定期的に、管理者や経営者と面談をして、目標を設定し相談や助言を受けることができれば、「自分の将来が見えない」「毎日、同じことの繰り返しで進歩がない」「このまま働いていても……」といった暗闇に落ちることはないはずです。

このスタッフ教育や人材育成は、必ず面接で求職者から質問すべき事項です。

スタッフ教育や人材育成に積極的に取り組んでいる事業者は増えており、必ずその中身や取り組みについて丁寧に説明してくれます。最近では、キャリアアップだけでなく、「妊娠したので体に負担のかかる業務から外れたい」「保育園に行っている子供が熱を出しやすい」といった個別の事情に積極的に対応する事業者もあります。

また、介護はチームケアですから、優秀な事業者は、経験者であっても、「前の施設ではこうやっていた」「私のやり方がある」といった自己流の介護を嫌います。逆に、安易に「即戦力がほしい」「経験者がほしい」「新人のレベルが低い」などと言っている経営者、事業者は、人を育てる能力もその気もないということです。

必要な人員が適切に配置されているか

もう一つ重要なポイントは、必要な人員、スタッフが適切に配置されているということです。老人ホームのパンフレットを見ると、介護スタッフが高齢者に寄り添って話をしたり、笑顔で話を聞いたりしている、ゆったりとした生活、介護のイメージ写真が使われています。

しかし、時間帯にもよりますが、実際はとても慌ただしく、忙しい仕事です。

早朝は入居者を起こし、着替え、洗顔、歯磨き、朝食の準備など様々な業務が重なります。朝食が終われば、通院の準備、入浴介助や排泄介助、すぐに昼食となり一日はあっという間です。

それはデイサービスなどでも同じです。

送迎から入浴、食事、レクレーションの業務が続き、気が付けばまた送迎の時間です。

しかし、「忙しい」ということと、「人が足りていない」という状態は基本的に違います。

それは、介護保険法上の指定基準を満たしていればよいというものではありません。指定基準は利用者数対比で定められていますが、同じ利用者数でも、重度要介護高齢者が増えると必要なサービス量は増加します。介護サービス量に合わせて、安全に介護ができる体制が構築されていなければなりません。

この人員配置は、「安全に働ける環境か」を知る上でも重要です。

介護スタッフが不足すれば、事故やトラブル発生のリスクは高まります。また、骨折事故や死亡事故が発生し、裁判になった場合でも、「低価格の介護付だから指定基準で十分」「指定基準の人数で、できることだけをやればよい」という判断にはならないからです。

介護保険施設や介護付有料老人ホームを例に、ポイントとなる介助場面を三つ挙げます。

① 食事介助

一つは、食事介助です。

食事は高齢者にとって、大きな楽しみの一つです。最近は、嚥下機能や咀嚼機能の低下した高齢者も安全に食べられる、見た目にも美味しそうな介護食が開発されています。

しかし、同時に食事は事故の発生の可能性が高い生活行動の一つです。

特に、脳梗塞などで麻痺のある高齢者や、慌てて食べる傾向のある高齢者は、誤嚥や窒息リスクが高く、認知症高齢者は、おしぼりを口に入れるなどの異食もあります。

読売新聞の調査によれば、二〇一五年の老健施設や特養ホームでの不慮の事故による死亡件数は一〇六四人に上り、そのうち窒息が五二八人、特に、重度要介護高齢者の死亡事故の大半は、食事中の誤飲や誤嚥が原因だと報じています。

そのため、直接的な介助だけでなく、うながし、声掛け、見守りなどの「間接介助」、更には誤嚥や窒息したときの「緊急対応」が行える適切な数の介護スタッフの配置が必要です。

重度要介護高齢者の多い特養ホームで、一つのユニット（一〇名程度）に食事介助者が一人というところがありますが、これは十分だとは言えません。

直接介助が必要な高齢者が多いと、他の高齢者の見守りが不十分となるため、事故の早期発見、早期対応が遅れます。誤嚥や窒息が発生したとき、一人で痙攣している高齢者への救急対応をしながら、看護師や救急車を呼ぶというのは困難です。

② 入浴介助

二つ目は、入浴介助です。

入浴は、身体的な負担が大きく、血圧の急激な昇降を伴うことから、心筋梗塞や脳出血などのリスクも高くなります。ふらつきによる浴槽の出入り時の転倒、シャワーチェアからの転落、操作ミスによる熱傷も多く、骨折や死亡など重大事故発生の可能性が高い生活行動の一つです。

厚生労働省の研究班の調査では、入浴中の急変や溺水などの死亡事故は、全国で一万九〇〇〇件になると推計されており、うち六五歳以上の高齢者が九割を占めます。社会問題となっている高齢者の交通事故死でも、二三〇〇人程度（平成二六年交通安全白書）ですから、入浴のリスクの大きさがわかるでしょう。

要介護高齢者の入浴介助は、大浴槽であっても、個別浴槽であっても、入浴者から目を離さないで介助するというのが絶対条件です。現在は、送迎から、脱衣、入浴、着衣まで一人の介護スタッフがマンツーマンで入浴介助を行うというスタイルが中心です。

しかし、事業所の中には、入浴時にスタッフが付き添いしておらず、一人の介護スタッフが複数の入浴者、浴室を見回りながら介助するというところがあります。これは非常に危険です。転倒や溺水などの事故は、数分離れただけでも発生します。また、介護スタッフは「ほんの数分」のつもりでも、バタバタと忙しく仕事をしているのですから、一〇分、二〇分はあっという間に経過しています。

リスクマネジメントが適切に行われている事業所では、「下着を持ってくるのを忘れた」と言う場合でも、入浴介助スタッフが直接部屋に取りに行くのではなく、他のスタッフに依頼して、浴室まで持って来てもらうという対応をとっています。

③　夜勤スタッフ配置

もう一つは、夜勤スタッフの配置です。

夜勤帯は、日勤帯と比較して、介護スタッフの数が極端に少なくなります。

全ての高齢者がぐっすりと眠ってくれていれば、穏やかな夜になりますが、疾病が急変したり、認知症の高齢者が不穏になって起き出し、それが他の高齢者に連鎖すると忙しい夜になります。

現在は、要介護高齢者を対象としたユニット型特養ホームや介護付有料老人ホームでは、およそ二〇名の入居者に対して一人の介護スタッフが対応するというところが多いようです。

ただし、小規模、少人数であっても、夜勤対応は二人以上というのが原則です。急変や転倒など、何かトラブルが発生した場合、一人では必要な対応ができないからです。

建物設備によっても働きやすさは変わる

このスタッフ配置や働きやすさは、述べた要介護高齢者対比の数だけでなく、建物設計にも大きく関わってきます。

特に、高齢者住宅や特養ホームでは、その傾向が強くなります。

次頁に挙げた例は、すべて六〇名定員の介護付有料老人ホームで、いずれも夜勤は三名です。

どのタイプが最も働きやすいのか、考えてみましょう。

Aタイプの建物の場合、三人では、介護スタッフのいないフロアができますから、認知症の高

建物設備から見た、介護動線・生活動線

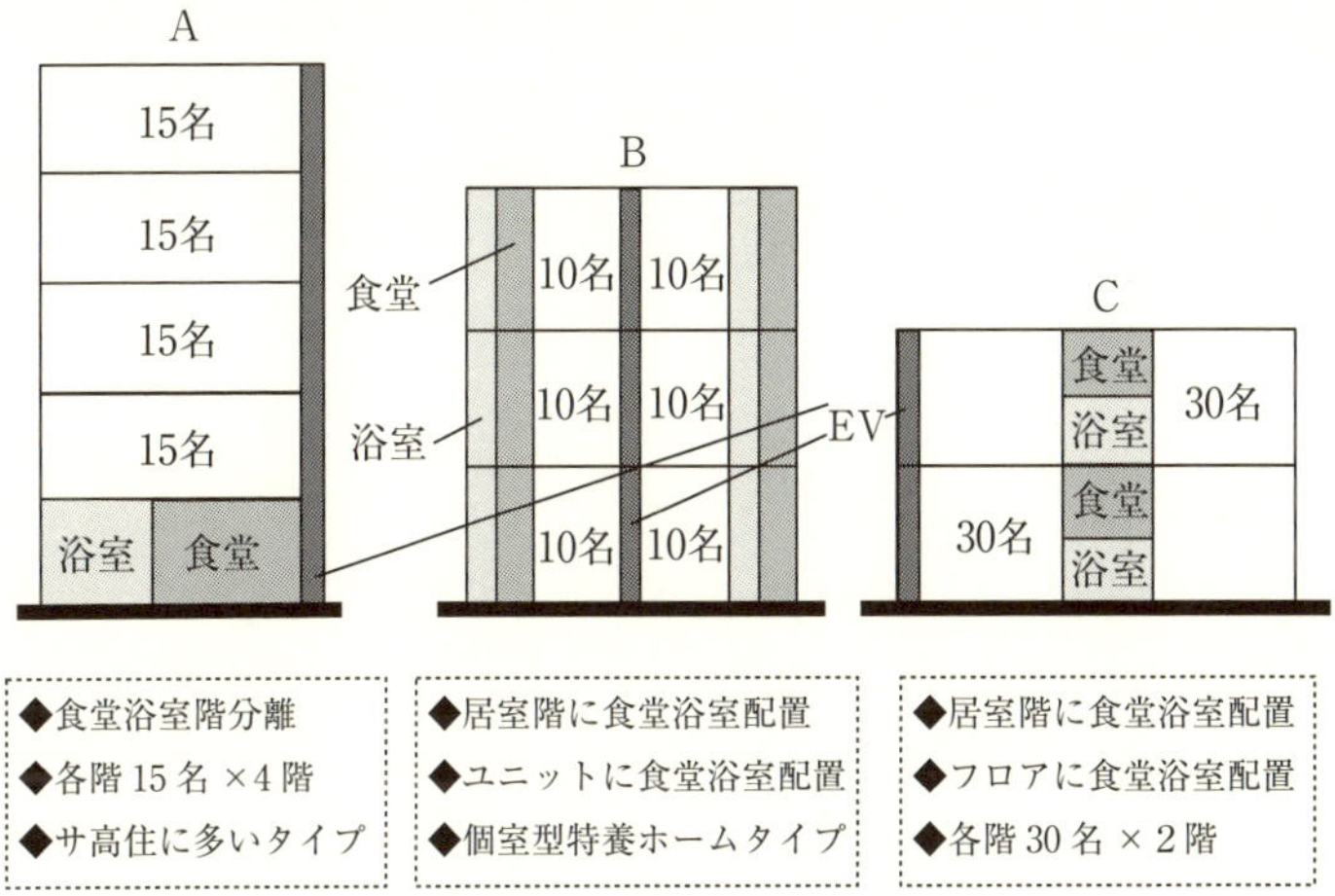

齢者が部屋から出てきたり、大きな声や音がしても、気が付きません。また、介護もフロアをまたいで行わなければならず、スタッフコールが重なると、二つのフロアを、階段を使って走り回ることになります。

これに対して、Bタイプの場合、基本的にフロアに一人の介護スタッフが常駐していますから、異変の早期発見が可能です。ただ、一人が休憩に入ると、他のフロアをまたいでコール対応や介助が必要となります。

これがCタイプの建物になると、フロアに一人ずつ配置され、もう一人の介護スタッフに余裕がでます。排泄の失敗や急変、認知症の高齢者が不穏になって起き出すといった事態になっても、忙しいフロアを二人で対応すれば、一人のスタッフがその高齢者のケアに専念できます。また、三人の介護スタッフが交代しながら、ゆっくり休憩をとることもできます。

実際の食事、入浴、夜勤介助をイメージしてみる

認知症高齢者や重度要介護高齢者が多くなると、フロアをまたいで介助する、見守りをするというのは大変です。また新人スタッフが一人で初めて夜勤をするときでも、何かトラブルがあったときに、先輩スタッフに助けてもらえる夜勤体制なのか、すべて一人で対応しなければならないのかによって、その心理的負担は変わってきます。

高齢者住宅の中には、Aタイプの建物で、八〇人の要介護高齢者が六フロアに分かれて生活しており、夜勤の介護スタッフは三人というところもあります。「老人ホームの夜勤は大変だ」という声は多いのですが、入居者数、夜勤スタッフ数、建物設備によって労働の負荷、働きやすさは全く変わってくるということがわかるでしょう。

これは、食事介助や入浴介助でも同じです。

Aタイプの場合、車いすの高齢者が増えてくると、一日三回、食堂まで移動するだけで大変な労力と時間がかかります。エレベーター前が車いすで混雑すると、挟み込み事故や転倒事故も増えます。その他、食堂の広さや厨房とのアクセスも、事故の発生率や介助効率に直結します。

入浴も同様です。Bタイプ、Cタイプでは急変があった場合に大きな声を出せば、外のスタッフにも聞こえますし、「皮膚に見慣れない斑点ができている」「オムツを忘れた」といった場合でも、すぐに看護師や他のスタッフのサポートを受けられます。

介護付有料老人ホームでは、【三：一配置】【二：一配置】など、入居者数の対比で介護看護ス

タッフの数が示されています。ただ、スタッフの総数だけではなく、必要な場所に必要な人員が配置されていることが重要で、またその働きやすさは、居室配置や食堂の広さ、浴室の位置など生活動線、介護動線によっても大きく変わってくるのです。

それは介護保険施設やデイサービスでも同じです。

このように、介護スタッフ配置や建物設備設計からは、介護労働者の働きやすさだけでなく、事故やトラブルの可能性、更にはその事業者の介護ノウハウまでもが見えてくるのです。

公表されている資料からわかる事業者の質・働きやすさ

現在、インターネットの普及によって、ホームページを開設する事業者が増えています。小さな事業所でも、ブログやフェイスブックなどを使って、情報を発信していますから、面接を受ける前に、たくさんの情報を得ることができます。

中でも、特に重要になるのが、「重要事項説明書」です。その名の通り、サービス内容や価格などその介護サービス事業所の重要事項が記されたもので、その策定、及び開示はすべての介護サービス事業者に義務化されています。

本来の目的は、利用契約・入居契約に付属し、利用者、入居者やその家族への説明資料として策定されているものですが、介護労働者が事業所を選ぶ上でも、とても有用なものです。

ただ高齢者や家族にも、わかりやすい言葉で丁寧に作られているところもあれば、どこかの文章から引用したままのような、いい加減なものもあります。中には、策定日が数年前のままだったり、「契約者にしか見せない」と全く開示していないところもあります。適切に情報を開示できないということは、コンプライアンス違反だというだけでなく、その内情を知られては困るということです。

適正に経営、運営している事業者は、必ず定期的に見直し、ホームページなどで積極的に公開しています。

この重要事項説明書には、事業主体やサービス内容、価格など様々なことが書かれていますから、その事業の概要がよくわかります。

特に、求職者にとってたくさんの情報が詰まっているのが、従業者（職員）に関する事項です。ここには全体のスタッフの人数だけでなく、常勤・非常勤、有資格者数、採用・退職者数など、非常に細かく記入されています。

ある介護付有料老人ホームの重要事項説明書を例に挙げてみましょう。

常勤とは正規の時間（週四〇時間など）働いているスタッフ、非常勤はそれに満たない短時間のパートスタッフを示します。非常勤は、その人数だけでなく、常勤換算でも記入されています。常勤の正規の労働時間が週四〇時間の事業所で、週二〇時間の非常勤の介護スタッフが三名いる場合は、常勤換算人数で一・五人となります。

また、専従というのは、その業務のみを行っている人数で、非専従は、他の職種と兼務してい

職種別の従業者の人数及びその勤務形態						
有料老人ホームの人数及びその勤務形態						
実人数	常勤		非常勤		合計	常勤換算人数
	専従	非専従	専従	非専従		
看護職員	3人	1名	2人	0名	6名	4.3人
介護職員	20人	0名	10人	0名	30名	26.3人
1週間のうち、常勤の従業者が勤務すべき時間数						40時間
夜勤を行う看護職員及び介護職員の人数	最少時の人数（宿直の従事者を除いた人数）					2名
	平均時の人数					3名

管理者の他の職務との兼務の有無			あり	なし（○）
管理者が有している当該業務に係る資格等	なし	あり（○）	資格等の名称	介護福祉士

一年間の採用者・退職者数						
	看護職員		介護職員		生活相談員	
	常勤	非常勤	常勤	非常勤	常勤	非常勤
前年度1年間の採用者数	1名	1名	3名	1名	0名	0名
前年度1年間の退職者数	1名	0名	2名	3名	0名	0名

る人数を示します。例えば、一人の看護師が、労働時間内の半分を看護職員、もう半分を機能訓練指導員で兼務している場合、その時間に合わせて、看護職員〇・五人、機能訓練指導員〇・五人と記入されています。

管理者の資格の有無、離職者の数までわかる

管理者についても、詳しく書かれています。

管理者は、その事業所におけるサービス管理のトップですから、介護福祉士や社会福祉士、看護師など国家資格を保有し、かつ、高齢者介護やケアマネジメントに対する十分な経験が必要です。「社会福祉主事任用資格」「施設長資格認定講習」などは国家資格ではありませんから、天下り公務員や縁故採用の施設長の可能性が高いということです。

その他、先に述べた夜勤帯のスタッフ配置も書

かれていますし、前年度の採用者、離職者数も記入されています。離職者が多い事業所は、教育体制や人間関係などに、何か問題があるのかもしれません。

もちろん、実際に働いてみなければわからないことも多いのですが、このように介護業界は一般の業界とは比較にならないほど、その手掛かりとなる情報が公開されているのです。

介護事業所選びにおいて、必ずすべきこと

介護サービス事業所選びにおいては、必ず、次の三つのことを行いましょう。

① 事前に調べておくこと

「人材不足だから……」といって、誰でも採用してくれるわけではありません。

特に、現代の高齢者介護はチームケアです。介護の仕事に誇りを持っている人、介護のプロになりたいと努力している人は、「他に仕事がないので介護でも……」というような新人と一緒に働きたいとは思わないでしょう。

これから初めて介護の仕事をする場合でも、介護の資格にはどのようなものがあるのか、介護保険はどのような制度なのか、特養ホームとはどのような施設かということくらいは、調べれば簡単にわかるはずです。高齢者介護の仕事を本気で考えているのであれば、当然のことです。

合わせて、介護サービス事業所の情報を得ておくことも必要です。

何も調べずに行くと、一方的に質問されるだけになりますが、調べていくと「新人の教育体制」「キャリアアップ」「資格取得のバックアップ体制」などについて質問できます。

最近では、管理者や経営者、スタッフがブログやSNSで意見を発信するところも増えています。その人の介護に対する意欲や考え方、能力がよくわかります。

「給与が低い」という意見は多いのですが、給与や待遇を聞かないまま働きはじめるわけではないでしょう。介護福祉士の資格手当も、ゼロというところから、月二万円、三万円を超えるところもあります。また、経営状態によって賞与の水準には、数万円から基本手当の二か月、三か月と大きな開きがあります。これも、前年度の支給状況などを確認すればわかることです。

② 複数の事業者から選ぶこと

同じ介護スタッフといっても、特養ホームやデイサービス、グループホームなどによって、その業務内容や勤務形態は違います。特に、初めて介護の仕事をする場合は、どのような仕事の内容なのかを、確認することが必要です。

また、述べたように法人、事業所によって働きやすさやリスク、新人の教育体制はそれぞれに違います。「介護スタッフの募集だけれど、将来は相談員になりたい、ケアマネジャーになりたい」といった希望がある場合は、実際にどのようなサポートがあるのかも確認しましょう。

できるだけたくさんの管理者、介護の現場で実際に働く先輩スタッフと話をすることも、介護業界を知る上で大切なことです。この業界には、仕事のやりがいや厳しさ、未来について、誇りをもって熱く語ってくれる人がたくさんいます。多くの地域で、介護や福祉の事業者が集まって、就職フェアが行われていますし、職業体験を実施している事業者もありますので、これを活用するのもよいでしょう。

③ 面接時には見学すること

デイサービスや介護保険施設、高齢者住宅では、必ず見学をしましょう。

これから毎日その事業所で働くのです。どんな人が働いているのか、どのような利用者、入所者がいるのかを事前に知るのはとても重要なことです。

書類や写真だけでは、その事業所の雰囲気はわかりません。電話の応対も気持ちよく、働いているすべてのスタッフが、「こんにちは」と気持ちよく挨拶してくれるところもあれば、「こいつは何者だ」「新人が来るのか」といった目で見られるところもあります。

ユニフォームが汚れている、靴の後ろを踏んでだらだら歩いている、利用者に対する言葉遣いが乱暴といったスタッフが目に付くということは、基本的な教育や研修さえできていないということです。

「スタッフルーム内が乱雑」「カレンダーが一か月前のまま」「共用のリビングが整理されていない」というのも同様です。要介護高齢者は、自分から意見や要望を伝えることが難しくなりますから、介護スタッフ自らが小さな異変や困りごとに気づいて、サポートすることが必要になります。飾られた絵の額縁が曲がっているのに、誰も気が付かない、誰も直さないというのは、介護の質もその程度だということです。

勝手に歩き回ることは好ましくありませんので、必ず「見学させてください」と断ってから行いましょう。自信があるならば、見せてくれるはずです。

働く事業所によって、介護労働者の未来は決まる

優良企業というのは、資本金の規模や収益性を指すのではありません。顧客の満足度だけでなく、社員・職員の満足度も高い企業のことです。

一つの事業所でしか働いたことがないのに、「介護の仕事には未来がない」という人は、「どの事業所で仕事をしても同じ」だと思っているからです。介護業界は玉石混淆だと言われますが、それはサービスの質だけに当てはまる言葉ではなく、労働環境も同じです。また、「介護の仕事は大変」というのはどこでも同じですが、やりがいのある大変さなのか、リスクのある大変さなのかは、事業所によって違います。

介護業界も玉石混淆から、二極化に進んでいます。

「介護の仕事に未来があるか、ないか」ではなく、どのような事業所で、どのような目的をもって働くのかによって、五年後、一〇年後の未来は、天と地ほどに大きく変わってくるのです。

第三章　市場価値の高い介護のプロになる

第一章で述べたように、労働者の評価は「年功序列」「成果主義」を超えて「市場価値」の時代へと入っていきます。特に、専門性の高い介護の仕事はその傾向が強くなります。それは、企業・組織に求められる人材から、介護産業、超高齢社会に求められる人材へと、そのキャリアアップの視点を変える必要があるということです。

ここでは基礎となる介護資格と、これからの介護業界で強化が不可欠になるケアマネジメントについて、解説します。

一　プロは、一生勉強し続ける

介護の世界は資格取得が基本

介護の仕事は、「資格がないと働けない」というものではありません。

訪問介護サービス事業所で、ホームヘルパーとして働くには、職員初任者研修（旧ホームヘルパー二級）、介護福祉士などの資格が必要ですが、無資格、未経験でも、介護保険施設や介護付有料老人ホームなどで介護スタッフとして働くことは可能です。

しかし、介護の仕事に資格は必要ないかと言われるとそうではありません。

その理由は、大きく分けて二つあります。

一つは、資格は介護のプロとして必要な技術、知識を効率的に取得でき、かつ効果的にステップアップできる手段だということです。

「介護や福祉は資格ではなく経験だ」「資格試験と実際の介護現場は違う」という人がいます。

ベテランの介護スタッフの中にも、「今まで、この方法でやってきた」「この事業所のルールに従ってください」と変革を好まない人も少なくありません。

もちろん、様々な事例、ケースを経験することは、介護や福祉の領域ではとても重要です。時には教科書通りではなく、臨機応変な対応が求められることもあります。それぞれの体験、経験を否定するわけではありません。

ただ、「我流の介護」は、専門性の低い、独善的な個人の経験でしかありません。

実際は、ある利用者に対して行った、間違った対応や介助方法が、たまたま上手くいったため、それが正しい方法だと勘違いしてしまっているケースが多いのです。

例えば、利用者や入居者を、「○○ちゃん、元気にしてる？」「体調はどう？」などと友達のように話す介護スタッフがいます。これまでの経験の中で、フレンドリーな対応を喜ぶ人がいたのかもしれません。「あまり丁寧な言葉で話すと、利用者と距離ができる」という人もいます。

しかし、その友達のようなラフな口調を、気持ちよく聞いている人ばかりではありません。口にはしなくても、不愉快に思っている家族は多いでしょう。

介護はサービス業ですから、様々な考え、生活環境、生活歴をもつ高齢者、家族に気持ちよく対応できるということが基本です。

経験に頼った自己流の介護は評価されない

日本語は「丁寧に話すと距離ができる」という底の浅いものではありません。丁寧な言葉遣いでも、気持ちの良い、優しいコミュニケーションをとることは十分に可能です。

ただ、それは「高齢者は人生の先輩だから丁寧に話せ」といった単純な話ではありません。介護の勉強を重ねていけば、信頼関係の醸成のために必要な視点、コミュニケーションとは何か、相談援助技術（ケースワーク）など、高齢者や家族に対する言葉遣い、傾聴、声掛け一つにも、ノウハウや深さがあることがわかってきます。

資格は、介護を作ってきた無数の先人たちが蓄積した失敗や経験から、重要な知識・技術を抜粋し、そのノウハウを整理、集約したものです。資格取得は、その先人たちの知恵を最も効率的、効果的に得ることができる最短・最適な方法なのです。

もう一つの理由は、資格は一定の技術や知識を持つという証明書だということです。第一章で、「介護労働者としての市場価値を高めよ」と言いましたが、その市場価値というのは、社会的な評価のことです。

特に、介護業界は医療業界と同様に専門職種の集まりです。そのため、ある特養ホームで、介護職員初任者研修修了者で介護主任をしていたというベテランであっても、それは事業所内の評価にすぎません。転職すると新人の介護福祉士の方が給与も待遇も高くなります。

「資格者は仕事ができる」「上位資格者の方が優秀」というわけではありませんが、介護職員初任者研修修了者（旧ホームヘルパー二級）よりも、その上位資格である介護福祉士の有資格者のほうが発言力は強く、ケアマネジャーよりも主任ケアマネジャーが信頼されるのは当然のことです。

年齢や学歴、介護の経験年数よりも、資格が優先される業界なのです。

介護の資格を整理する

まずは、介護関連資格で、主なものとその特徴を整理します。

【社会福祉士】

社会福祉士は、相談援助技術や福祉全般の知識を有する生活相談員の国家資格です。

「社会福祉士及び介護福祉士法」の中で、「専門的知識及び技術をもって、身体上もしくは精神上の障害があること、又は環境上の理由により日常生活を営むのに支障がある者の福祉に関する相談に応じ、助言、指導、福祉サービスを提供する者又は、医師その他の保健医療サービスを提供する者その他の関係者との連携及び調整その他の援助を行うことを業とする者」とされています。

【介護福祉士】

介護福祉士は、高齢者介護の中核となる国家資格です。

同法の中で、「介護福祉士の名称を用いて、専門的知識及び技術をもって、身体上又は精神上の障害があることにより日常生活を営むのに支障がある者につき心身の状況に応じた介護を行い、並びにその者及びその介護者に対して介護に関する指導を行うこと」とされています。

【介護職員初任者研修】

介護職員初任者研修は、以前のホームヘルパー二級に位置付けられるもので、「訪問介護員養成研修」「介護職員基礎研修」を一本化したものです。試験の合否判断による資格とは違い、「介護の基本」「認知症の理解」「老化の理解」など一三〇時間の講義や演習を受けることで、その過程を修了したと認められます。初任者研修終了後に、より深い理解を得るための四五〇時間の研修を行う「実務者研修」（従来のホームヘルパー一級レベルを想定）もあります。

【介護支援専門員（ケアマネジャー）】

ケアマネジャーは業務の名称であり、正式には介護支援専門員と言います。国家資格ではなく、介護保険法に基づく都道府県の公的資格です。同法の中で、「要介護者等からの相談に応じ、及び要介護者等がその心身の状況等に応じ適切な居宅サービス又は施設サービスを利用できるよう市町村、居宅サービス事業を行う者、介護保険施設等との連絡調整等を行う者であって、要介護者等が自立した日常生活を営むのに必要な援助に関する専門的知識及び技術を有する者として政令で定める者」とされています。

述べたように、介護支援専門員の資格を得るためには、基本的に、福祉や保健医療分野の国家資格と五年以上の実務経験が必要です。「介護支援専門員実務研修受講試験」に合格すれば、「介護支援専門員実務研修」を受けることができ、この実務研修を修了することで、ケアマネジャーの業務を行うことができます。

【福祉用具専門相談員】

現在の福祉用具は、車いす一つをとっても、その機能は多様化しています。高齢者や家族がそのすべてを理解して、その要介護状態に最も適した車いすを選ぶことは難しくなっています。福祉用具専門相談員は、要介護高齢者が、その身体状況に合った車いすや介護ベッドを選ぶことができるよう、相談を受け、そのアドバイスをするのが仕事です。都道府県の指定した講習を受講することで資格を得ることができます。

【福祉住環境コーディネーター】

福祉住環境コーディネーターは、障害者や要介護高齢者に対し、住宅改修など居住空間の改善を提案する資格です。使いにくい居住環境は、身体機能の低下した要介護高齢者にとって、日々の生活において大きな障害となるだけでなく、転倒や転落などの事故の原因にもなります。医療、福祉、建築など体系的に幅広い知識が必要で、東京商工会議所が主催する試験に合格する必要があります。その難易度によって、一級〜三級に分れています。民間資格ですが、有用性の高い資格です。

業務独占と必置資格

示したように介護の資格といっても、「国家資格」から「公的資格」「民間資格」、更には試験がなく講習を受講するだけで得られるものもあります。

介護の現場で働くうえで、理解すべきはその業務と資格との関係です。

「業務独占資格」は、その資格がなければ、その業務を行うことが禁止されている資格です。

訪問介護では介護職員初任者研修の修了者や介護福祉士の有資格者でないと、その業務を行うことはできませんし、ケアマネジャーの資格がないと、業としてケアプランを策定することはできません。また、老人ホームの一部で、インシュリンの注射を介護スタッフが行っているところがありますが、これは医師法、保健師助産師看護師法に違反します。

これに対して、「名称独占資格」は、資格取得者以外は、その名称を名乗ってはいけないという資格です。介護福祉士の資格がなくても特養ホームなどで働くことはできますし、社会福祉士の資格がなくても、相談員の仕事はできます。しかし、介護福祉士や社会福祉士以外の人間が、そう名乗ることは法的に禁止されています。

もう一つ重要になってくるのが「必置資格」です。

それは、事業を行う際に、その事業所にその資格保持者を必ず置かなければならないというものです。介護サービス事業における「設置基準」や「介護報酬加算」にも関わってきます。

例えば、社会福祉士は「地域包括支援センター」で総合相談業務、サービス事業者及び行政との連携業務担当者として位置付けられ、その配置が義務化されています。また、介護福祉士の資格取得者の割合によって、特養ホームでの介護報酬の加算額は変わってきます。

その他、特養ホームや介護付有料老人ホーム、居宅支援事業所の指定基準にはケアマネジャーは必置ですし、介護保険制度の指定を受けた福祉用具貸与・販売事業所には、二名以上の福祉用具専門相談員の配置が義務付けられています。福祉住環境コーディネーターも、介護保険の居宅介護住宅改修費の申請に必要な理由書を策定する専門職として、ケアマネジャー、作業療法士とともに認定されています。

今後、有資格者の設置義務化や加算は増えてくるでしょう。

資格を持っているということは、それだけ活躍の場が広がるということです。

国家資格とケアマネジャーの資格は不可欠

高齢者介護の仕事をする上で、資格は「必要なもの」というよりも、「基礎になるもの」だと言ってよいでしょう。資格取得に必要な視点をいくつか挙げておきます。

まず一つは、中核となる資格を持つということです。

それは、社会福祉士、介護福祉士などの国家資格です。

高齢者介護は、看護や医療、リハビリ、食事（管理栄養士）など関連する周辺分野の専門職、国家資格保持者と連携、調整していくことになります。時には連携だけでなく、「本人はお酒を飲みたい」―「糖尿病の悪化が懸念される」など、それぞれの専門分野の視点から意見がぶつかることもあります。

その場合、いかに正しいことを言っていても、「国家資格」がなければ、その専門性を担保するものがないため、立場が弱くなってしまいます。介護のプロとして、対等な立場で要介護高齢者をサポートするには、国家資格の取得が必要です。

介護支援専門員も不可欠な資格の一つです。

それは、介護労働者はケアマネジャーを目指せという意味ではありません。

日本の高齢者介護は、ケアマネジメントという手法を使って、要介護高齢者の個別ニーズを基礎とした個別ケアを実践しています。それは介護だけでなく、医療や看護、家族、行政サービスなど、要介護高齢者を取り巻く社会資源を、一つの目標に向かってつなぐ手法でもあります。

「介護のことしかわからない」では要介護高齢者の生活の支援はできません。

ケアマネジメントを勉強すれば、「排泄介助」「食事介助」という日々行っている介助が、要介護高齢者によってそれぞれ注意点、視点が違うこと、そしてその要介護高齢者の生活を、医療、看護、食事の専門職種が連携して生活を支えているという全体像が見えてきます。

また、介護支援専門員の資格は、「取得すれば終わり」ではなく、五年に一度、更新研修が義務付けられています。それは介護保険制度の改定やケアマネジメント、高齢者介護の最新情報を得る上でも、とても重要なことです。

ステップアップと広がりを意識

ホームヘルパーの仕事をするには、「介護職員初任者研修」を受ければできますが、そこから「実務者研修」「介護福祉士」へとステップアップしていきます。また介護福祉士、社会福祉士などの国家資格をとれば、それで終わりというわけではなく、その上には介護職員のリーダーの資格とされる「認定介護福祉士」「認定社会福祉士」などの上位資格があります。

ケアマネジャーの上位資格である主任ケアマネジャーは、地域包括支援センターでは配置が義務付けられていますし、居宅介護支援事業所の事業所加算にも必要な「必置資格」です。

このステップアップは、上位資格の取得だけではありません。

例えば、「Aさんにこの車いすは合ってない」と感じたときは、「福祉用具専門相談員」の勉強をすれば、福祉用具や介護機器に関する知識が大きく増えます。デイサービスや訪問介護で、「この段差はBさんにとって危険だ」と気づけば、「福祉住環境コーディネーター」という住宅改修や住宅環境整備の資格があります。

その他、高齢者住宅業界では、「宅地建物取引士」を持っていれば、今後、その未来は大きく広がります。「高齢者の生活を支援する」という視点に立てば、お金の専門家である「ファイナンシャルプランナー」や年金など社会保障制度の資格である「社会保険労務士」なども関係する資格だと言えます。

繰り返しになりますが、高齢者介護は生活支援です。それは全くの異業種からの転職であっても、介護とは直接関係のないように見える資格であっても、そこで培った知識や専門性が十分に役に立つ業界だということです。

もう一つ、重要なことは積極的に外に出て勉強するということです。

試験勉強は一人でできますし、その資格は個人のものです。

ただ、それだけでは広がりを欠くことになります。

すべての資格には業界団体がありますから、そこに参加すれば、勉強会やケース検討会、制度変更に関するセミナーが行われています。その刺激は自分の足りないところを補い高めてくれますし、同じ志をもつたくさんの先輩、友人に会うことができます。

介護事業は、事業種別を問わず利用者・スタッフが限定される閉鎖的な環境であるため、井の中の蛙になってしまいがちです。外に出て初めて、介護のプロとしての社会的価値、市場価値を上げることができます。資格は個人の知識、技術を得るだけでなく、人とつながるための大きなツールになると言ってよいでしょう。

勉強すればするほど、介護の奥深さがわかる

人を介護する、生活をサポートするということは、オムツを変えたり、食事を介助するという身体的な介助だけではありません。

要介護高齢者には、目に見える「要介護状態」だけでなく、一人ひとり、それぞれの人生、生き方、歴史があります。その生活を支援するためには、「人間の欲求とは何か」を理解することも必要ですし、課題を抱える高齢者、家族から信頼され、その苦悩をきちんと吐き出してもらえるような相談援助技術も求められます。視覚障害のある高齢者のために点字を勉強したり、聴覚障害の利用者のために手話を習う人もいます。

高齢者介護のプロは、身体的な介助だけでなく、要介護高齢者の苦しみ、家族の切なさ、混乱など、要介護を取り巻く課題に対して、精神的な支援、サポートが行える専門家です。

ただ、それは口で言うほど簡単なことではありません。高齢者介護の勉強を続けると、「排泄介助が大変だ」「夜勤が大変だ」といった素人的な不満ではなく、人間が人間を介助する、支援することの難しさ、厳しさ、奥深さ、そしてそのやりがいや重要性が見えてくるはずです。

二　ケアマネジメントのプロになる

ケアマネジメントによって高齢者介護は大きく変わった

ケアプラン、ケアマネジメント、ケアマネジャーなどの言葉は一般的なものとなりました。しかし、それらの言葉の意味やその役割をきちんと理解している人は多くありません。

「ケアマネジメントはケアマネジャーの仕事」

「ケアプランは、介護サービスの計画書・介護報酬算定の管理表」

介護の仕事をしている人の中にも、そう考えている人は多いのですが、そうではありません。

ケアマネジメントは、介護保険制度の根幹であり、現在の高齢者介護の基礎となる考え方です。

ケアマネジャーの仕事をしなくても、介護のプロになるためにはその正確な理解と共に、介護支援専門員の資格取得は不可欠です。

それは高齢者介護の歴史とも深く関わっています。

介護保険制度が始まる二〇〇〇年までの特養ホームでは、効率性を重視し、起床から就寝まで事業者の定めた生活スケジュールに沿って介護が行われていました。七時、一一時、一五時、一八時と時間を決めての排泄介助、流れ作業のような入浴や食事、レクレーションや喫茶までもほぼ強制的に集められ、一斉に行われていました。

しかし、このような介助方法では、高齢者それぞれの生活リズムや生活スタイル、個別の希望をくみ取ることができません。その結果、高齢者は生きがいをなくし、無気力になったり、依存心が高くなり認知症が悪化するなどの課題が指摘されていました。そのため、要介護高齢者一人ひとりの身体状況や生活環境、生活スタイルに合わせて介助を行う「個別ケア」が求められるようになり、介護保険制度の中で制度化されました。

個別ケアの実践を検討する作業全体をケアマネジメントと言い、その過程や成果を書類にまとめたものがケアプラン、その策定支援を中心となって行う専門職がケアマネジャーです。

ケアマネジメントの流れ

ケアマネジメントの流れを図に沿って簡単に整理します。

まずは、要介護認定をもとに、要介護高齢者や家族から、身体状況や生活状況、生活上の希望

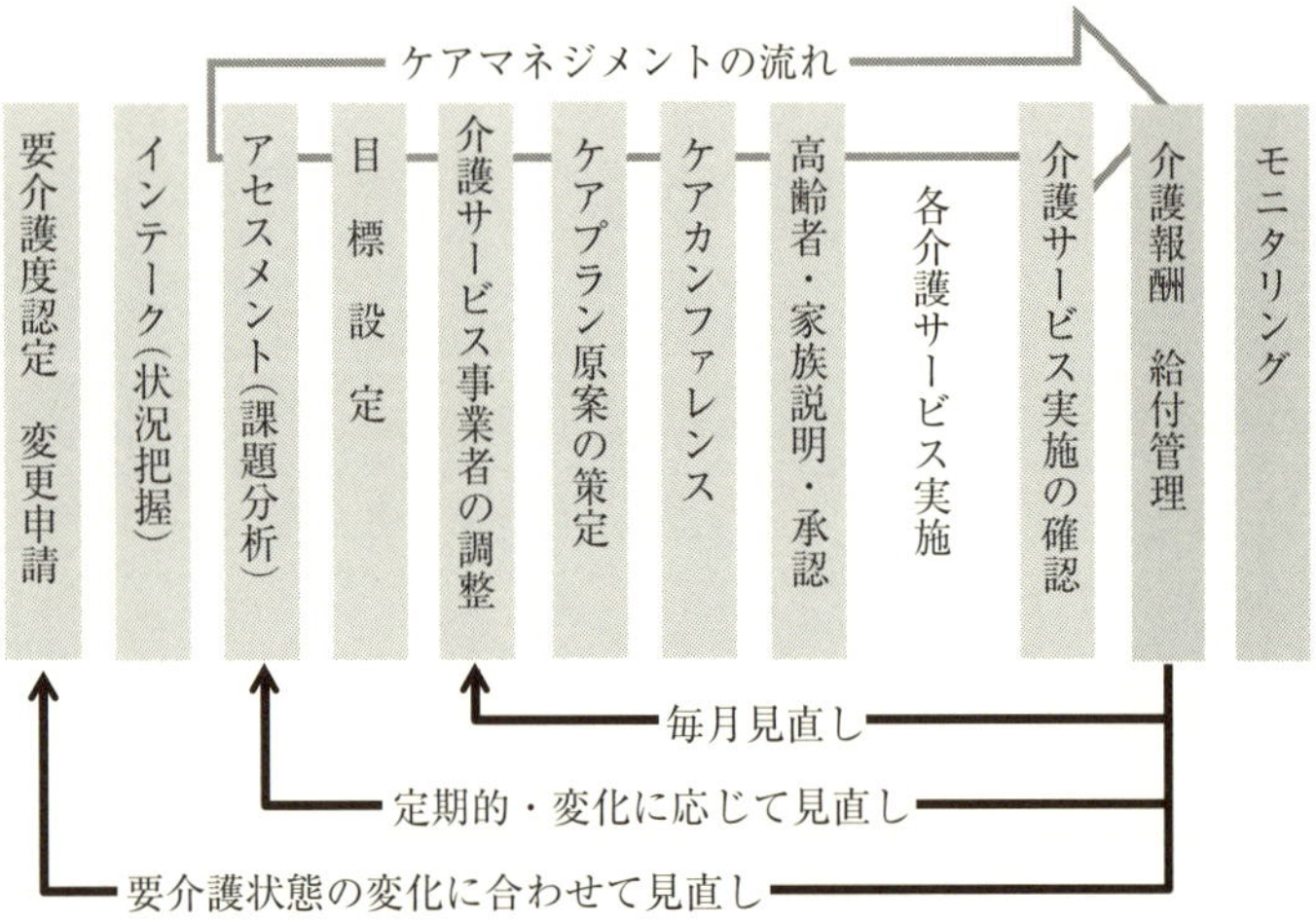

や不安などを聞き取ります。合わせて、ケアマネジャーからケアマネジメントの全体像やその流れ、役割、目的について説明します。これがインテーク（状況把握）と呼ばれるものです。

　インテークで得られた身体状況、認知症や疾病・既往歴、居住環境、介護環境などの情報から、どのような生活課題（自宅で入浴ができない、トイレでの転倒が多い）があるのかをアセスメント（課題分析）し、その課題の改善に向けて、どのような方向性をもって生活支援を行っていくのか目標（短期目標・長期目標）を設定します。その目標を達成するために適した社会資源を組み合わせ、訪問介護や訪問看護、通所サービスなどの生活支援サービスの手配、調整を行い、ケアプランの原案となるものを作成します。

ケアマネジメントの目的は「生活改善」

　このケアプラン策定の過程で、重要になるのがケアカンファレンスです。

ケアマネジャーが策定したケアプランは、あくまでも原案です。訪問介護や通所介護、配食サービス、住宅改修、福祉用具など利用するサービスの各担当者が集まり、この原案をたたき台にして、生活課題や目標を共有し、サービス提供上の注意点や連携方法、緊急時の連絡方法について話し合います。特養ホームや介護付有料老人ホームでも、ケアマネジャーを中心に、管理者、介護スタッフ、看護スタッフ、相談スタッフ、栄養スタッフが一同に会して検討します。高齢者本人や家族もこれに参加し、ケアマネジャーから説明を受けるとともに意見を述べ、その内容に合意すれば、各種介護サービスがスタートします。

このケアプランは、一度策定すれば終わりというものではありません。

特に、高齢者住宅や特養ホームへの転居など生活環境が大きく変わる場合には、当初のアセスメントとは違う生活課題が出てきます。また、適切に介護サービスが提供されているか、そのサービスによって、「自宅で安全に入浴できるようにする」「一人で安全にトイレに行けるようになる」といった目的が達成できているのかを観察する必要があります。

これをモニタリングと言います。

ケアマネジャーは、各サービス担当者からの情報収集や、高齢者・家族からの聞き取りを行ないながらモニタリングを進め、定期的に（半年に一度）、また必要であれば随時、ケアカンファレンスを行い、ケアプランの見直し・変更を行います。

また、要介護度認定は定期的（半年に一度程度）に見直されますが、入院などで要介護状態が大きく変化した場合は、認定変更の申請も行います。

要介護高齢者が介護保険を利用する間、このケアマネジメントが継続的に続けられます。

このようにケアマネジメントによって、それまでの画一的な介助を、すべての高齢者に一律に提供する介護ではなく、それぞれの要介護高齢者の生活課題の改善を目的とした、個別的・専門的な介護に変わったということです。

排泄介助は、時間通りの一斉介助ではなく、それぞれの高齢者の排泄パターンを把握することによって、「オムツ排泄」から「トイレでの自立排泄」への取り組みが進められています。また、「入浴介助」「食事介助」と言った介助項目だけに注目するのではなく、静かな環境で本を読むことが好きな人への支援、閉じこもりがちな男性高齢者へのケアなど、それぞれの性格や希望によって、声掛けやレクレーションへのアプローチなどの工夫も行われています。

契約に基づく専門的・科学的なサービス

ケアマネジメントによる高齢者介護の変化は、「集団ケア」から「個別ケア」への移行だけではありません。それ以外にも重要なポイントは三つあります。

一つは、ケアマネジメントや各種介護サービスの提供は、民法・介護保険法に基づき法的な契約によって提供されるサービスだということです。

「介護サービス」という言葉が一般的になったのは、介護保険法以降です。

それまで、老人福祉施策の措置制度の中で行われていた老人介護は、明確に「サービス」として位置づけられておらず、契約もありませんでした。そのため行われる介護の中身も、提供方法も、それぞれの法人や事業所で定められた独自のものでした。

しかし、介護保険法による介護は、対価を伴う明確な商品・サービスです。介護サービスの中身、時間、方法は、「介護保険法」及び「利用者との個別契約」に基づいて提供することが前提です。介護サービス事業者と高齢者・家族との「介護サービスの契約内容」を示したものがケアプランであり、その内容を検討し、確認する場がケアカンファレンスです。

また、訪問介護サービス事業者は、ケアプラン、ケアカンファレンスに基づいて、その訪問介護の内容や注意点などを記した「訪問介護計画書」を、通所介護サービス事業者は、通所介護での介護の内容やサービス提供上の注意点、事故リスクへの対応などを記した「通所介護計画書」を策定します。その計画書も介護サービス契約の一部であり、その内容に基づいて、個別にサービスを提供することが求められます。

二つ目は、ケアマネジメントに基づく高齢者介護は、科学的な介護だということです。

「ケアプランは、個別ニーズに基づいて策定する」というのが基本ですが、高齢者本人や家族の希望のままにサービスを調整・提供するのであれば、そこに専門性は必要ありません。ケアマネジャーは単なる御用聞き、サービスの手配師でしかありません。

しかし、介護保険法のケアマネジメントの基礎は、専門的、かつ科学的な介護です。

それが明確に表れているのが、課題分析に使われる「アセスメントツール」です。述べたように、身体状況、認知症や疾病の有無などの情報をもとに、日常の生活において、どのような課題やリスクがあるのか分析することをアセスメントといいますが、それはケアマネジャーの個人的な能力や経験のみに基づいて行うものではありません。

「日常生活動作（ＡＤＬ）」「手段的日常生活動作（ＩＡＤＬ）」「認知症・意志の伝達」「行動障害」「介護環境」「居住環境」「疾病・既往歴」など、定められた項目に基づいて適切に聞き取りを行い、日本介護福祉士会や老人福祉施設協議会などの各種団体が策定したアセスメントツールを用いて課題やニーズを分析し、導き出すことが義務付けられています。

もちろん、そのツールによって導き出された生活課題をすべて解決しなければならないというものではありませんが、科学的に判断された課題分析を土台・骨格にすることによって、ケアマネジメントの専門性、科学的な介護が担保されているのです。

ケアマネジメントに基づく介護一つひとつには、すべて専門的・科学的な理由があるのです。

すべての関係者がケアマネジメントの一員

もう一つ、ケアマネジメントにおいて重要になる考え方が「チームケア」です。

老人福祉の時代の介護は、「訪問介護」「デイサービス」など、それぞれ個別に介護サービスが提供されていました。相談員による利用者情報のやり取りは行われていましたが、それはサービス調整のための、担当者間での情報共有でしかありませんでした。

これに対し、ケアマネジメントの根幹にあるのは「チームケア」です。「訪問介護」「通所介護」それぞれのサービス事業者、介護看護スタッフは自分に与えられた介助、看護だけを個別に行えばよいのではなく、要介護高齢者を中心とした介護チームの一員として、その生活を支えているという考え方です。

例えば、ホームヘルパーが「ベッドから車いすへの移乗にふらつきがある」と気づけば、ケアマネジャーに連絡し、福祉用具の利用や住宅改修につなげていきます。「独居高齢者が熱を出してデイサービスの利用ができない」ということになれば、ケアマネジャーが配食サービスやホームヘルパーの緊急利用ができないかを打診します。

これは、特養ホームや介護付有料老人ホームでも同じです。「転倒リスクへの対応」「疾病の急変時にどうするか」など、ケアカンファレンスで相談をしながら、要介護高齢者が、安心して、安全な生活がおくれるようにチームでケアマネジメントを推進していくのです。

このチームケアの考え方が、これからの「地域包括ケア」の基礎となるものです。

ケアプランは、介護サービスの利用計画表、管理表ではありません。

生活相談や食事、家族の役割、必要な介護サービスの種類や介助方法などすべてを包括し、その要介護高齢者の生活をどのように支援していくのかという設計図です。

このケアプランを中心になって策定するのは、ケアマネジャーの仕事ですが、すべての介護サービス事業者、すべての介護看護スタッフが、ケアマネジメントの一員です。ケアマネジャーは、介護、看護、リハビリ、医療、食事など様々な専門職が集まるオーケストラでタクトを振る指揮者のような役割だと言ってよいでしょう。

入浴介助、排泄介助などの個別介助、また定期巡回や声掛けも、その高齢者の個別ニーズや生活課題、事故リスクなどケアマネジメント全体を理解し、合わせてモニタリングを意識しながら行うのが現代の高齢者介護なのです。

どれだけ個人の介護技術、介護知識が充実していても、ケアマネジメントの視点・理解なくして、プロの介護とは言えないのです。

市場価値の高いケアマネジャーになる

今後、ケアマネジャーの役割は、ますます大きくなっていきます。どのようなケアマネジャーが介護業界で求められるのか、市場価値の高いケアマネジャーの資質、能力について、三つのポイントを挙げます。

① 相談援助技術

ケアマネジャーの仕事の基本は相談援助です。

介護は「サービス」ですが、新しい服を買ったり、美容院やネイルケアに行ったりするのとは違い、誰もが「ウキウキ・ワクワク」と楽しい気分で利用するものではありません。「福祉の施しを受けるなどみっともない」「介護するのは家族の仕事」と考える人は減りましたが、身体が自由にならない苛立ちや将来への不安、介護できない申し訳なさや不満など、本人にも家族にも、様々な感情が渦巻いています。介護サービス利用に対する世代間の意識の格差も大きく、高齢者本人と家族との間で、意見が真っ向から対立するケースも少なくありません。

本人や家族が、その不安や苦悩、焦燥を打ち明けることができなければ、良好な援助関係を構築することはできません。また、どれだけ介護の知識が豊富であっても、最適なケアプランを作ることもできません。

しかし、残念ながらケアマネジャーの中にも、利用者の人格や環境の決めつけ（ラベリング）や、課題を分類して画一的な対応（カテゴライズ）をする人は少なくありません。中には、利用者や家族がケアプランや介護サービスの内容について意見を言うと、「素人のくせに」「専門家の意見に従ってください」などと感情的に反論する人もいます。

ケアマネジャーの仕事には社会福祉士の資格が必須だとまでは言いませんが、「バイスティックの七原則」を勉強するなど、その専門性の一つとして、相談援助技術は不可欠です。

相談援助の基礎となるバイスティックの７原則

【個別化】

利用者を個人としてとらえ、それぞれ個別の問題としてとらえること。利用者の抱える課題は、似たようなものでも、「同じケースは二つとして存在しない」という考え方。


【受容】

社会的・道徳的に間違った考え・意見であっても、ありのままに捉え、受け入れること。反社会的行為やルール違反を受け入れるというものではなく、「どうしてそのような考え方になるのかを理解する」「ありのままの姿を捉える」という考え方。


【非審判的な態度】

利用者の行動や思考、意見に対して、「善悪を判断しない」こと。

課題を多面的に捉え、社会的善悪、相談援助者の価値観･評価を、利用者に押し付けることはしないこと。


【意図的な感情表出】

利用者の自由な感情表現を認め、表現できるように努めること。

利用者・家族の持つ、哀しみや苦しみ、焦燥など、自由に表出できるように援助すること。


【統制された情緒関与】

相談援助者が、利用者の感情に巻き込まれないこと。

「共感」「同意」といった感情・表現を、相談援助者自らが上手くコントロールできること。


【自己決定】

利用者が自分自身の考えや意志に基づき、問題解決に向けて行動できるように援助すること。

相談援助者は、あくまでも支援者であること。


【秘密保持】

利用者の個人情報、プライバシーは他人に漏らしてはならないこと。

②　課題分析・説明力　～リスクマネジメント～

今後、特に重要になってくるのが、転倒・転落・溺水などの生活上の事故に対するリスクの分析力・説明力です。

高齢者は目に見える身体機能だけでなく、視力・聴力・筋力の低下や骨粗鬆症、更には判断力、俊敏性なども著しく低下しています。少しの段差でも転倒しやすく、また大腿部骨折や頭部打撲による硬膜下血腫などの重大事故のリスクも高くなります。ケアプランの第一の目的は、重大事故を予防し、安全に安心して生活できる環境を整えるということです。

それは高齢者の安全だけではありません。ケアプランは介護サービス事業者とサービス利用者を繋ぐ契約ですから、介護サービス事業者や介護看護スタッフが安心して介護できる環境を整えるという視点も、ケアマネジメントには必要です。

例えば、「ふらつきが見られるために、移動時は見守りを行う」「入浴時、浴室内では移動一部介助」などと書いたケアプランを見ることがありますが、いかなるときも、その高齢者の移動を見守り続けることなど現実的には不可能です。しかし、ケアプランでその契約を締結しているのですから、転倒し、骨折すると、契約義務違反となります。

また、「一部介助」といっても、どのような点に注意して介助をするのかが明確ではなく、介護スタッフの経験や知識、技術によって介助方法が変わってしまいます。浴室内の移動で隣に付いていたのに滑って突然転倒、頭部打撲で死亡ということになれば、その事業者、介護スタッフ

リスクマネジメントを基礎としたケアマネジメント

① 介助方法・安全ポイントを明確にし、事業者・スタッフ間で共有

■ 事故予防の視点から、安全な介護サービス、介助手順を検討
■ 生活場面(入浴など)に合わせ、介助方法・注意ポイントを明確化
■ ケアカンファレンスにおいて、介助方法・事故予防策を共有

② 利用者・家族にケアプラン策定の目的・内容を説明

■ ケアプランは、利用者・家族と事業者の、サービス契約であることを説明
■ ケアプラン策定には、利用者・家族の協力が必要であることを説明
■ ケアカンファレンスへの参加を促し、事故リスクについて十分に説明

③ 利用者・家族に発生しうる事故・予防策について説明

■ 可能性の高い事故について説明、利用者・家族にも注意喚起
■ 事故の予防策、発生時の対応策・取り組み、限界について十分に説明
■ 身体抑制・行動抑制に対する事業者の考え方、リスクを説明

は、刑事・民事ともに大きな責任を負うことになります。

浴室内・脱衣室内では転倒のリスクが高いことを十分に説明し、「自立歩行が可能な高齢者もシャワーキャリーを利用してもらう」といった事故を予防するための明確な指示が必要です。

ケアカンファレンスの中で、事故リスクやその予防策についてきちんと説明すれば、ほとんどの高齢者・家族は理解します。逆に「安心・快適」「介護のプロにお任せください」と事故のリスクを説明しないまま契約し、一週間程度で骨折すれば、「何をしていたのか」「ちゃんと介護してもらっていたのか」とトラブルになるのは当然です。

③ 医療連携 〜ターミナルケア〜

もう一つは、医療連携です。

「医療はお医者さんにお任せ」「ケアマネジャー

は介護だけ」と考えているケアマネジャーがいますが、そうではありません。述べたように、ケアマネジメントの目的は要介護高齢者の生活支援です。そこには、介護・看護だけでなく、居住環境や食事、医療も含まれます。要介護高齢者にとって、医療は介護同様に日常的に必要となるサービスの一つです。

ただ、八〇代、九〇代の医療は、単純に病気を治せばよいというものではありません。「肺炎の薄い影がある」「肝機能が低下している」などとすぐに入院させたがる医師もいますが、入院は短期のものであっても要介護高齢者にとっては大きな副作用を伴います。それまで食事も自力摂取、トイレも自分で行けた高齢者が、数週間の入院で、足腰もたたなくなり、食事、排泄もできなくなるというケースは少なくありません。一気に認知症が進む可能性もあります。

同様に、薬の副作用によって、ふらつくなど転倒の原因になることもあります。

もちろん、どのような医療を望むのかは高齢者本人、家族が選択することですから、ケアマネジャーが口を出すことではありません。中途半端な知識で医師や看護師の専門領域を犯すことも許されることではありません。また、そのリスクや副作用、要介護状態の変化などについて説明するのは本来、医師の役割です。

しかし、いまだ要介護状態の悪化のことなどまったく気にしない医師もいますから、生活支援という視点から、高齢者や家族が納得して医療を受けられるように、ケアマネジャーがサポートする必要があるのです。

これはターミナルケア（終末医療）にも関わってきます。どのような介護を受けたいのかだけではなく、どのような生活をしたいのか、どのような医療を受けたいのか、どのような終末を迎えたいのか、高齢者、家族の希望を聞き取り、緊急事態への対応も含め、検討するのがケアマネジャーの仕事です。

最近は、入院医療から在宅医療へと制度の流れが大きく変わっていますから、在宅医療や終末期医療に力を入れる医師も増えています。

本人や家族が安心して生活でき、希望する終末が迎えられるように、介護サービス事業者だけでなく、信頼できる医師や医療機関とのネットワークを構築しなければなりません。

ケアマネジャーによって要介護高齢者の生活の質は決まる

ケアマネジャーの役割は、今後ますます重要になっていきます。

一つは要介護高齢者の生活からみた、ケアマネジメントの重要性です。「介護の質」と言えば、ホームヘルパーや介護スタッフの介護技術をイメージしますが、「要介護高齢者の生活向上」という広い視点でとらえた場合、それを左右するのはケアマネジャー、ケアマネジメントの質です。

優秀なケアマネジャーは、生活上の事故リスクや生活課題を詳細に検討し、それぞれの高齢者・家族のニーズに合わせた最適なケアプランを策定します。

利用しているサービスに不満がある場合も、事業者との間に立って、上手く伝えてくれますし、「親戚に不幸があったので家族が介護できない」「今は自宅で生活しているけれど将来が不安」といった緊急時や将来の不安にも、しっかりと対応できます。

二つ目は、介護事業経営におけるケアマネジメントの重要性です。

ケアマネジャーは、高齢者・家族と介護サービス事業所を繋ぐ架け橋です。ケアマネジャーが高齢者・家族に信用されているということは、その事業者が信頼されているということです。

優秀なケアマネジャーは、その要介護高齢者の特性、家族関係、事故やトラブル、クレームの可能性などについて、きちんとアセスメントします。家族からの感情的な苦情や理不尽なクレームに対しても、専門的な第三者の視点から、事業者の立場やサービスの正当性について説明してくれます。

また、ケアマネジャーは、地域の様々な介護サービス事業所と一緒に仕事をしています。高齢者・家族と事業者との中立的な視点から、モニタリングを行うことによって、サービス上の課題、改善策、他の事業者の取り組みなど、サービス向上に向けての様々な情報を運んでくれます。

ケアマネジメントの再生なくして、財政再建も地域包括ケアもない

それは、三つ目の地域の介護力・サービス力の向上にもつながります。

述べたように、ケアマネジメントの原則の一つは、介護サービス事業所を超えたチームケアで

あり、その集合体が「地域包括ケア」です。言いかえれば、地域包括ケアとは、地域の介護サービス全体のチーム化・ネットワーク化です。

その架け橋、シナプスになるのがケアマネジャーです。ケアマネジャーが有機的に、活発に活動できる環境を整えることによって、地域の介護力は向上し、ネットワーク化は確実に進みます。

そして、最後の一つが効率的な社会保障財政の運用です。

要介護高齢者が右肩上がりで増加する中で、効率的、効果的な財政運用は不可欠です。

しかし、現状を見ると、第二章で述べたような「囲い込み」などケアマネジメントの不正が横行し、介護保険や介護サービスが適切に使われているとはとても言えません。「安心・快適」「プロにお任せください」と不必要なサービス、劣悪な質の低い介護サービスが押し売りで提供され、医師も一緒になって、不必要な社会保障費が湯水のように垂れ流しにされています。

ケアマネジメントがしっかりと機能すれば、適切な内容、適切な種類、適切な量の介護サービス、医療サービスが高齢者に提供されます。また、間接的なプロの目が入りますから、劣悪な介護サービス事業者は経営できなくなります。

効果的で適切な介護サービスの提供、介護保険制度の効率的な運用のためには、優秀なケアマネジャーの育成・増加が不可欠です。

以上、ケアマネジャーの役割の重要性について、四つのポイントを挙げました。

ただ、ケアマネジメントの向上のためには制度改正、報酬改定も必要です。素人経営者の言いなりになるケアマネジャーがいるのは、ケアマネジメントに対する介護報酬が低すぎるからです。その業務の独立性を担保することができず、関連の訪問介護や高齢者住宅の利益に依存せざるを得ないからです。

ケアマネジャーの介護報酬は、少なくとも現在の一・五倍程度には引き上げるべきだと考えています。その上で、指導や監査を徹底して、利益誘導をするようなケアマネジャーを排除すればよいのです。そうすれば、不必要な介護費用や医療費用を大幅に抑制することができ、かつ、質の高いケアマネジメントによって、地域のサービス力は向上し、要介護状態になっても自宅で安心して生活することができるのです。

ケアマネジメントは介護保険制度だけでなく、要介護高齢者施策の基礎です。

ケアマネジメントの再生なくして、要介護高齢者の生活向上も、介護保険の財政再建も、地域包括ケアもないのです。

第四章　介護サービス管理・介護経営のプロになる

現在の介護業界の最大の課題は、人材不足です。

介護保険制度の発足によって、介護サービスの事業者数は激増しましたが、事業の中核となるリーダーが絶対的に不足しています。事故やトラブルの増加、介護スタッフの早期離職、倒産事業者の増加など、現在、介護業界が抱える様々な課題の原因は、そこにあります。

サービス管理と経営管理は、これからの介護業界において不可欠となる視点です。

またそれは、施設長やサービス管理者、経営者のみに求められる知識・ノウハウではなく、すべての介護労働者に必要となるものです。ここでは、サービス管理の基礎である介護リスクマネジメントと、介護経営の基本について整理します。

一　リスクマネジメントのプロになる

高まる事故やトラブルのリスク

介護サービス事業所、高齢者住宅、介護保険施設のホームページやパンフレットには、「安心・快適」といった心地よい美辞麗句が溢れています。

しかし、そのサービスの対象者は、筋力だけでなく視力、聴力、判断力、俊敏性、バランス、骨密度など、あらゆる身体機能が低下した要介護高齢者です。認知症によって予想できないような行動を起こすこともありますし、「できることは一人でやろう」という自立心が、転倒・骨折事故の原因になることもあります。そのサービス内容、対象者の特性を考えると、無条件に安心や快適を請け負うことができるわけではありません。

その一方で、介護サービス利用に対する高齢者・家族の権利意識は強くなっており、事故やトラブルが事業に与えるリスクは、福祉の時代とは比較にならないほど大きくなっています。

介護スタッフの直接的な介助ミスによる事故でなくても、裁判では「予見可能性あり」「安全管理義務違反」と高額の損害賠償が認められています。病院でのモンスターペイシェント、学校でのモンスターペアレントと同じように、一部暴走した権利意識を持つ高齢者・家族の波は、介護サービス事業にまで押し寄せています。

それは、優秀な介護労働者が離職する原因の一つになっています。

転倒や骨折事故が目の前で起こると、その発生を防げなかった、利用者にケガをさせて申し訳ないという後悔の気持ちが強くなります。できていないこと、やらなければならないことばかりが目に付き、同じような事故・トラブルがまた起こるのではないかと大きなストレスになります。

また一生懸命に介護をしていても、一部の家族からは「部屋が汚い」「ちゃんと介護しているのか」と厳しい意見が投げられます。その結果、責任感の強い真面目なスタッフほど、精神的に追い込まれて退職し、更にサービスが低下するという悪循環を生んでいます。

それはサービス現場のリスクだけでなく、経営上のリスクでもあります。

介護業界に注目が集まるということは、同時に厳しい視線が注がれているということです。

重大な過失による死亡事故やスタッフによる虐待事件は、マスコミに大きく報道されます。「インフルエンザ」「ノロウイルス」で集団感染が発生し、死亡者がでると、初期対応の遅れ、報告不備など厳しく糾弾されることになります。

その結果、介護スタッフの大量離職、新規求職希望者の大幅減を招き、更には、「劣悪な事業者」「サービス管理が適切でない」と、高齢者・家族、地域の関連サービス事業者からの信頼は失墜し、事業の継続が困難になります。

進まない介護業界のリスクマネジメント

損害賠償の裁判事例を見ると、「事業者に厳しすぎる」と感じるものが少なくありません。特に、認知症高齢者の転倒事故など、「予測不可能な行動をすることは予見できた」と言われると、転倒リスクのある認知症高齢者の受け入れは、現実的に困難になります。

しかし一方で、その対策であるリスクマネジメントは、業界全体として大きく遅れているということも事実です。

その原因は、二つあります。

一つは、これまでの古い体質、甘えを引きずっているということです。

介護保険制度が始まるまで、介護は老人福祉施策の中で行われていました。高齢者・家族ともに、「福祉にお世話になっている」という意識が強く、サービスに不満があっても苦情や文句を言う人はほとんどいませんでした。そのため今でも、「介護はサービスだ」「お客様第一主義」などと言いながら、家族から意見や苦情を受けると、「うるさい家族だ」「嫌なら家で介護すればいい」と、介護してやっていると言わんばかりの人も少なくありません。

もう一つは、閉鎖的な事業の特性です。

第二章で述べたように、介護業界は、新規参入事業者の多いのが特徴です。「介護は儲かる」という過剰な期待のもとで、事業拡大が優先され、サービス提供上発生する事故やトラブル、リスクについての検討が後回しになっています。いつ重大事故が発生してもおかしくないような、危険な介護をしている事業者もあります。また、介護サービスは、利用者や介護スタッフが限定される閉鎖的な環境で提供されるため、骨折や死亡などの重大事故が発生しても真実が明らかになりにくく、業界全体として積極的な公開、議論が進んでいません。

実際、特養ホームの施設長やデイサービス・訪問介護の管理者に、「どのようなリスクがあるのか」と聞いても、整理して適切に答えられる人は一部に限られます。「老人ホームやデイサービス内で発生する事故のすべてが事業者の責任ではない」という声をよく耳にしますが、「事業者の法的責任とは何か」「どのような場合に責任を問われるのか」という基本的な質問にも答えられる管理者は、そう多くありません。

リスクマネジメントは、利用・生活する要介護高齢者の安全な生活環境、介護スタッフの安全な労働環境、そして介護サービス事業の安定的な経営環境の土台となるものです。

介護業界として、サービス提供責任の範囲や、効果的な予防対策、介護事故に対する社会的な啓蒙活動など、事業者の枠を超えて検討すべきことはたくさんあるのですが、まだほとんど進んでいないというのが実態なのです。

まずは、リスクを正確に把握すること

リスクマネジメントの基礎になるのが、業務上発生する事故やトラブルなどのリスクを正確に把握することです。

介護サービスの提供上、発生するリスクを大まかに整理したものが次頁の表です。事故だけでなく、自然災害や感染症、家族からの苦情やクレーム、腰痛などの介護スタッフの労務災害もその対象です。

ここから、事業種別に合わせて、より詳細に検討していきます。

例えば、事故の種類は、「転倒」「転落」「誤嚥・窒息」「火傷・熱傷」「溺水」「挟み込み事故」「ぶつかり事故」「誤薬」「異食」などがあります。その事故が廊下、食堂、浴室などのエリアで起きるのか、どのような介助場面、生活場面で多く発生しているのか、その原因や特性を整理・分類することは可能です。

高齢者の要介護状態によっても、想定すべき事故の種類は違ってきます。自立歩行の高齢者に多いのは、つまずき、ふらつきなどによる転倒事故です。逆に車いす高齢者は、転倒はなく移乗時の転落事故が多くなります。

地震発生時の津波のリスクは、同じ市町村でも建物が高台にあるのか、海の近くにあるのかによって変わります。立地によっては、ゲリラ豪雨による河川の氾濫、裏山の崩落リスクも想定しなければなりません。

感染症や食中毒も同様です。高齢者は免疫力が低下しているために罹患しやすく、重篤な症状になる可能性が高くなります。インフルエンザやノロウイルスなどは、毎年流行する季節が決まっていますし、数年に一度は大流行します。

サービス提供上発生するリスク

- 転倒・骨折などの事故
- サービス内容・質への苦情
- 利用料に対する苦情
- 火災・地震などの自然災害
- 感染症蔓延・食中毒発生
- スタッフの労務災害
- スタッフによる介護虐待

入浴事故の検討例

事故種類	事故ケース例
転　倒	浴槽から立ち上がり、ふらついて転倒 椅子やマットにつまづいて転倒　／　足を滑らせて転倒 浴槽内への移動時にバランスを崩して転倒 介助中のスタッフが足を滑らせ転倒し、つられて転倒
転　落	入浴台への(入浴台からの) 移乗に失敗し転倒 シャワーキャリーに座ろうとして転落 洗身中、ストレッチャーからバランスを崩して転落 ストレッチャーから特殊浴槽への移乗時に転落 洗身時、熱い湯がかかり、驚いてシャワーキャリーから転落
溺　水	大浴槽内で入浴姿勢(浮き上がり等) が安定せず溺水 一般浴槽内で臀部が滑り、姿勢を崩して溺水 特殊浴槽内で入浴姿勢(浮き上がり等) が安定せず溺水
熱　傷	シャワーの温度が高くなり熱傷 個別浴槽のお湯の温度が高くなりすぎ熱傷
怪我　他	シャワーキャリー等の移乗時にフットレストに引っかかり怪我 浴室内で混合水洗・シャワーにあたり怪我 目を離した隙に、認知症高齢者がシャンプーを口に入れる

➔ 転倒、転落、溺水、熱傷など、様々な種類の介護事故が発生

➔ 小さなミス、一瞬の隙が溺水などの介護事故の発生につながる

➔ 骨折、脳出血、熱傷、溺水など生命にかかわる重大事故のリスク大

これらのリスクの想定は、事業種別によっても変わってきます。

デイサービスでは、送迎中の交通事故も大きなリスクの一つですし、送迎中に大きな地震が発生したときに、どうするのかも話し合っておくべき事項です。その他、訪問介護では同居している家族とのトラブルや、男性利用者からのセクハラも検討すべきリスク要因となっています。

それぞれのリスクに対して、効果的な対策を検討する

リスクが整理できると、それぞれに必要な対策を考えていきます。

例えば、同じ苦情やクレームでも、その対策は違います。

金銭に関する苦情は、事前に見積書を提出するなど、「月額利用料に含まれる費用」「含まれない費用」「追加になる費用」を、丁寧に説明しておけば発生することはありません。費用に対する苦情の発生は、ほぼ事業者の責任です。

これに対して、サービスに対する苦情は少し違います。

「部屋が汚い」「いつも同じ服を着ている」などの意見が家族から寄せられることがあります。ただ、きれいに掃除してほしい人もいれば、細かいところに触れてほしくない人もいます。また、何を着たいのかは人によって違いますし、本人と家族の意見が違うこともあります。

そのため、ケアカンファレンスや個別の家族面談などを通じて、「サービス向上のためにご意見をいただけませんか」「清掃はこのようにさせていただいていますが、いかがですか？」と積

極的にコミュニケーションをとり、小さな意見や不満をくみ取る工夫が大切です。

事業者のリスクマネジメントに対する意識が、はっきりと現れるのが防災対策です。

要介護高齢者は災害弱者です。特に、介護保険施設や高齢者住宅では一つの建物に集まって生活しているのですから、夜間に火災が発生すると多くの高齢者が逃げ遅れ、大惨事に発展します。

そのため、特養ホームや有料老人ホームでは定期的な防災訓練が義務化されています。

ただ、全てのスタッフが真剣な表情で、大声を上げて訓練を行っている事業所もあれば、レクレーションのように笑いながら楽しそうに行っている事業所もあります。どちらがリスクマネジメントの意識の高い事業者なのか、サービス管理が適切にできているのかは一目瞭然です。中には、「防火管理者の名前が数年前に退職したスタッフのまま」「防火扉の前に段ボールが積み上げられている」という事業所もあります。

自然災害も同じです。述べたように、地震や豪雨などの災害が発生しても、立地によってそのリスクは変わってきます。それは各市町村が策定しているハザードマップを確認すればわかりますし、消防署に相談すれば、防災のプロが一緒になって真剣に考えてくれます。想定されるリスクに合わせて、防災マニュアルを策定し、避難訓練を行わなければなりません。

「防災対策、夜間想定訓練、一応やっています」だけでは、何の意味もないのです。

繰り返しになりますが、火災や自然災害は、高齢者の生命にかかわる最大のリスクです。真剣に防災訓練が行われていない、立地に合わせて防災対策ができていないのは、リスクマネジメントの基礎ができていないということです。

有害な「あるだけ事故報告書」

介護のリスクマネジメントで、大きな課題となるのが事故対策です。

「介護事故の対策を行っている」という事業所は多いのですが、「一応やっている」ということと、その対策が適切なものか、役立つものかは全く違います。

その一つは、事故報告書です。

利用者、入所者に転倒や転落などの事故が発生したときに、その原因や状況、改善点を整理して、管理者や経営者に報告する書類です。

大きく分けると、二つの課題が目につきます。

一つは、内容が稚拙だということです。

最も多いのが、報告書ではなく反省文です。事故が発生した状況・原因の分析、及び同じような事故を予防するための対策の検討が、まったくできていません。「歩行中に目を離したときに転倒、今度から目を離さないようにします」などという文言を目にしますが、一人の高齢者の行動から常時目を離さないでいることなど、できるはずがありません。

もう一つは、活用されていないということです。

事故報告書を作成する目的は、同じような事故を繰り返さないように業務を改善することです。

意味のない　『あるだけ事故報告書』

内容	『今度から気をつけます』といった反省文・言い訳 発生状況や、原因、初期対応、改善方法などが示されていない 事故発生から相当の時間が経過してから、報告書がだされている ケガをしたら「事故報告書」、ケガをしなければ「ヒヤリハット報告書」
活用	『今度から気を付けてね』というその場だけの注意喚起・指導・叱責 他のスタッフは、『自分の時でなくてよかった』と他人事のような雰囲気 報告書は、管理者まで回覧されて、そのまま綴じ込まれて誰も見ない 事故の状況・原因が曖昧なままで、十分に検討されない

しかし、原因の究明をしないまま、「目を離した隙に……」「気が付くと……」と介護スタッフ個人の責任とされ、「今度から気を付けてね」という注意喚起だけで回覧され、印鑑が押されて閉じられて終わりです。数日は申し送りされますが、その後は誰も覚えていません。

このような「あるだけ事故報告書」は、役に立たないというだけでなく、有害です。

「とりあえず報告書を出せば終わり」という意識が蔓延すると、なぜ、事故の報告が必要なのかを考えなくなります。他の介護スタッフは、「あの人が事故を起こした」「私の介護の時ではなくてよかった」という認識しかなく、「面倒くさい」と事故の隠蔽や報告書の改竄が進んでいきます。

結果、同じような事故が何度も発生し、骨折や死亡で裁判となった場合、「これまでも同じような事故があったのに、必要な対策をとっていない」と厳しい判断が下されることになります。

リスクを拡大させる「あるだけ業務マニュアル」

多くの事業者に共通する、もう一つの課題は、「業務マニュアル」です。

「安全介護手順マニュアル」「初期対応マニュアル」「事故解決対応マ

ニュアル」は、事業種別を問わず、介護事故対策の土台となる不可欠なものです。大手の介護サービス法人、介護保険施設などでは、ほとんどの事業所で整備されています。

しかし、それは「あればよい」というものではありません。全スタッフに周知徹底され、実際の業務がマニュアルに基づいて行われてこそ、初めて意味をなすものです。

しかし、実際には、事務室の棚の奥にしまってあるだけで、ほとんどの人が見たことがない、新人スタッフはその存在すら知らないという事業所も少なくありません。ひどいものになると、インターネットで検索したものをそのまま丸写ししており、現実的には不可能なものや、実際の業務内容との整合性が取れないようなものもあります。

このような「あるだけ業務マニュアル」もまた有害です。「マニュアル通りに介助しなくてもいい」「チームケアではなく我流の介護をすればいい」と示しているのと同じだからです。

また、重大事故が発生して裁判になった場合、現実的に不可能なマニュアルであっても、事業者自らが策定したものですから、「マニュアル通りに介助が行われていない」と、それが決定的な証拠となり、契約義務違反として厳しい判断が下されることになります。

リスクマネジメントは全ての業務の基礎

事故対策は、「発生させないこと」だと考える人は多いのですが、それだけではありません。高齢者の安全な生活に十分な配慮をする義務がありますが、事業者がどれだけ努力をしても、転

介護事故リスクマネジメントの流れ・ポイント例　(老人ホーム入居)

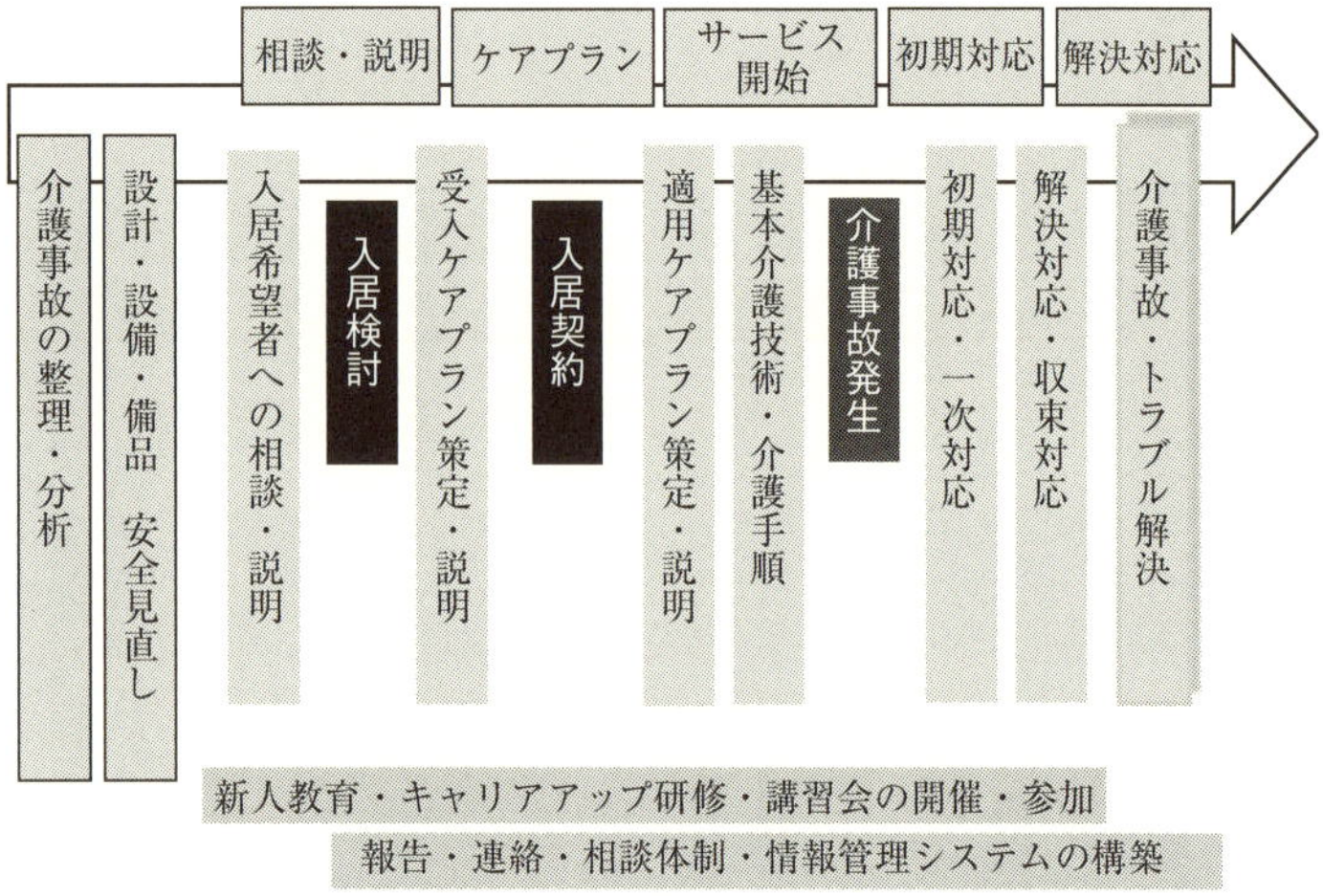

倒や誤嚥などの事故の発生をゼロにすることはできないからです。

「ケガの程度を軽くするための対策」「事故が発生した場合の初期対応」「家族に対する事故リスクの説明」「裁判や訴訟になった場合の対策」なども、リスクマネジメントの重要な視点です。

リスクマネジメントは、「業務マニュアルを作っている」「事故報告書をつくっている」「リスクマネジメント委員会がある」という単独・個別のものではありません。日常行っている介護、看護、食事、相談などすべての業務・サービスを、リスクマネジメントを基礎として行うことが必要です。

流れに沿って、介護事故対策の実務のポイントを見ていきます。

【建物設備備品の見直し】

事故対策の基礎となるのが、設備備品の見直しです。

身体機能低下と建物・設備・備品の歪

- 食堂が狭いため、車いすの出入りが難しく、ぶつかり事故、転倒事故が頻発
- 筋力の低下した高齢者にとっては、浮力の高い大浴槽の中で臀部が浮き上がる

事故の要因……身体・認知機能とのズレ・ブレ　（このブレが大きいと事故多発）

↓

建物・設備・備品 ／ **身体機能変化**

この歪を埋めるのはケアプラン。ただ、日々の状態変化に対応するのは困難。

介護スタッフ技能と建物・設備・備品の歪

- シャワーからお湯が突然でてきて、入居者が驚いてバスチェアから転倒
- 車いすブレーキが甘くなり、ベッドからの移乗介助中に動いて、入居者転落

事故の要因……介護ミス・介護のスキ、技術・経験（このブレが大きいと事故多発）

↓

建物・設備・備品 ／ **介護技術の差、介護ミス**

この歪を埋めるのはスタッフ教育。ただ、教育・訓練には一定の時間が必要

介護事故の発生要因は、「高齢者の身体機能の低下」「介護スタッフの失敗・ミス」「建物設備備品」に大別されます。ただ、事故の多くは単独の原因ではなく、「建物設備の選択ミス」と「身体機能低下」など複数の要因が重なった場面で発生します。

図のように、その歪みはスタッフ教育やケアマネジメントで埋めていく必要があるのですが、要介護高齢者の身体機能は日々大きく変動しますし、知識・技能の習得、徹底には一定の時間がかかります。そのため、介護事故の発生予防、被害の拡大予防の底上げのためには、建物設備備品の選定や、日々のメンテナンスが重要になります。

一つは福祉機器や介護用具を選ぶ目を養うということです。

その選択要件の筆頭に挙げられるのは言うまでもなく「安全性」です。

ただ、デイサービスや介護保険施設、高齢者住宅な

どで、様々な高齢者が利用する場合、「Aさんの要介護状態にはピッタリ・安全の車いす」だけれど、「その他の人には危険」ということでは、使い勝手が悪くなってしまいます。結局、車いすが足りなくなって、Bさんには合わない車いすを使わざるを得なくなり、事故リスクが高まるという事態になります。

そこで重要になるのが「可変性」と「汎用性」です。

要介護高齢者の特性は、加齢や疾病による重度化と要介護状態の多様性です。

要介護状態が重度化しても利用できるもの、右麻痺、左麻痺、筋力低下など様々な要介護状態の高齢者が使いやすいものを選択しなければなりません。それは共用の車いすだけでなく、食堂のテーブル、居室内の共用備品、入浴設備などすべてに当てはまります。「右麻痺の人には使いやすい手すり」「一般の浴槽で難しくなれば寝たきり専用の特殊浴槽」ではなく、様々な要介護状態の高齢者が安全に利用できる手すりや介護設備、入浴機器を選定しなければなりません。

この視点は、今後介護ロボットや介護機器の進化によって、より重要になっていきます。

もう一つのポイントは、運用・メンテナンスです。

新人教育において福祉機器・介護用品の安全な使い方を徹底するとともに、ケアマネジメントの中で、事故原因になる設備・備品はないか、被害拡大を予防するためにどのような福祉用具が必要になるのかを十分に検討します。また、車いすやベッドなども、「ねじやストッパーの緩みはないか」「手すりのぐらつきはないか」「生活動線に不要な備品が置かれていないか」といった定期的なメンテナンス、チェックも必要です。

このように、建物設備備品をしっかり選定し、適切に利用すれば、大幅に事故の発生、拡大を予防することが可能です。

【相談対応】

利用や入所希望者への相談対応も、介護事故リスクマネジメントの重要な対策の一つです。述べたように、身体機能の低下した要介護高齢者が、慣れていない新しい環境で生活をするのですから、「安心・快適」を安易に約束できるわけではありません。本人だけでなく家族に対しても、「できること、できないこと」「事故リスクの可能性・対策」「身体抑制に対する事業者の考え方」などについて、相談時に丁寧に説明しなければなりません。

同時に、その高齢者・家族と信頼関係が構築できるのか、無理難題を言うような家族ではないのか、といった目線で相談を受けることも必要です。「説明を真面目に聞いていない」「見学時に勝手な行動をする」といった高齢者・家族は、利用・入所後のトラブルとなるリスクが高くなります。

【ケアマネジメント・ケアプラン】

第三章で述べたように、ケアマネジメントにおいて、リスクマネジメントの視点は不可欠です。

まずケアカンファレンスは、利用契約・入所契約と同時（若しくはそれ以前）に行うというのが原則です。訪問介護計画や通所介護計画も同様です。

一部の高齢者住宅では、「午前中に病院で退院許可がでれば、午後には入居できる」という乱暴なところがありますが、利用者だけでなく、介護スタッフにとっても非常に危険です。

区分支給限度額方式をとる住宅型有料老人ホームやサ高住であっても、要介護高齢者の入居契約と介護サービス契約は切り離すことのできないものです。適切にアセスメントができなければ、どのような要介護状態の高齢者なのか、どのような事故リスクがあるのか判断できません。また、高齢者、家族と「サービス提供責任の範囲」「事故リスクへの予防策」へのコンセンサスが不十分なまま契約・入居となると、事故やクレームの原因となります。

また、ケアマネジメントは、利用時・入所時だけ行えばよいというものではありません。特に、老人ホームや高齢者住宅への入所・入居は、生活環境ががらりと変わります。事前のアセスメントだけでは不十分なことが多く、新しい生活環境に応じて再アセスメントを行い、早期に適用ケアプランを策定することが必要です。

【契約対応】

契約時は、ケアプランと一体的に、転倒の予防策や対応策、事業者の責任の範囲なども含め、再度、丁寧な説明が必要です。転倒、急変時の連絡先などについても、確認します。

特に、医療依存度の高い高齢者、予想できない行動を起こす認知症の高齢者は、事故や急変のリスクが高くなります。「施設内で起こる事故は全て事業者の責任だ」「絶対に転倒させるな」と言われると契約はできません。事故の予防策の内容やその限界、事業者の責任の範囲について、十分に理解を求めることが必要です。

また、子供や親族が多い場合、家族間で意見や考え方が食い違い、トラブルになることもあります。家族の窓口を一本化することも、リスクマネジメント上、重要なことです。

【マニュアルの整備】

介護事故のリスクマネジメントの観点から、必ず整備しなければならないのは、「安全介護マニュアル」「初期対応マニュアル」「解決対応手順マニュアル」です。

「介護はマニュアル化できない」という言葉をよく聞きますが、マニュアルに従って画一的な介護をしなさいと言っているのではありません。個別ケアを目的として行うのはケアマネジメントであり、安全介護マニュアルは、介護事故を予防するための、共通の手順を示すものです。

例えば、「転落・転倒を防ぐための移乗時の確認事項」「入浴前の確認事項」など、共通した手順・決まり事はあるはずです。手順とその理由を明確にし、それを全スタッフに徹底することで、一つひとつの小さな「事故の種」を減らすことができます。

初期対応マニュアルも同じです。

入浴後の後片付け　マニュアル例

【浴室内】
▶シャワーや給湯の温度を所定の位置に戻す
▶洗身台のカランは、足がぶつからないよう、横に向けておく
▶バスボード、シャワーキャリーは所定の位置に戻しておく
▶シャンプーやボディソープなどが無くなっていないか確認
▶石鹸やシャンプーなどの泡が残らないように、丁寧に流す

【脱衣室内】
▶脱衣用椅子などを所定の位置に戻す
▶脱衣室内は、転倒防止のために拭き取っておく
▶衣類やタオルなどが残っていないか、再確認
▶認知症高齢者が入らないように、施錠確認
▶最終入浴介助者は、石鹸やシャンプーのストック確認
▶最終入浴介助者は、エアコンを切る

「臨機応変に対応する」といっても、常に、経験豊かなベテランの介護スタッフが事故を発見するわけではありません。また、事故発生時、発見時には気持ちが動転してしまい、平時には当然だと思っている初期対応をとることができません。誤嚥や窒息事故など、事故や急変の発生には責任がなくても、初期対応の遅れが、介護スタッフの過失として問われることもあります。

「日中」「夜間」などの時間帯、また「食事」「入浴」「居室内」などそれぞれの場所で、事故を発見した場合、慌てずに、すべてのスタッフが決められた行動を迅速に行うことができるように、マニュアル化する必要があります。

新人教育は、この「安全介護マニュアル」「初期対応マニュアル」に基づいて行います。

その一環として、消防署で行われている普通救命講習の受講なども有効な手段の一つです。

その他、利用相談の受付方法や説明内容、聞き取る内容、見学時の注意点などを整理した「相談対応マニュアル」「契約対応マニュアル」、更には、状況の把握、情報の集約一元化、家族や行政への連絡・報告などをまとめた「解決対応マニュアル」も、その内容を事前に検討、整備しておくべきものです。

「忙しいからリスクマネジメント対策ができない」は大間違い

以上、介護事故の対策を、業務の流れに沿って、五つのポイントを挙げました。

「忙しいからリスクマネジメントまで手が回らない」という事業者は多いのですが、それは全く逆です。リスクマネジメントは、現在の仕事にプラスして行うものではなく、現在行っているすべての業務の基礎となるものです。事故やトラブルが見えていれば、実際の業務においても、やるべきことが明確になりますし、盲目的に事故やトラブルを恐れる必要がなく、余裕をもって働くことができます。

リスクマネジメントを基礎にサービスを見直すと、「あれ、忘れた」「これができていない」という無駄な動きがなくなり、日々の業務は確実に軽減されるのです。

リスクマネジメントのプロになる

これからの介護業界において、「介護のプロ」として最も価値の高まる技術・知識・ノウハウは、この「リスクマネジメント」です。

またそれは、施設長やサービス管理者だけに求められるものでもありません。

自分の身を守るために、すべての介護労働者に求められるものです。

リスクマネジメントの向上のために重要な三つのポイントを挙げます。

① スタッフを巻き込む

リスクマネジメントの最初のステップは、「リスクマネジメントは自分の身を守るもの」「一緒に働く仲間を守るもの」という認識を、働くすべてのスタッフが共有することです。それが理解できていないと、「忙しいのに大変」「報告書や委員会は面倒」「私の夜勤の時の事故でなくてよかった」ということになり、対策は前に進みません。

まずは、「介護事故」「家族からのクレーム」などテーマを決めて、リスクを思いつくままに、書き出してみましょう。

できるだけ多くの仲間やスタッフを巻き込むことが必要です。みんなでワイワイと考えて、そのリスクを一覧にして、それを共有するだけでリスクマネジメント対策は大きく進みます。「浴室は滑るので手引き歩行は危ないぞ」とわかっているだけで、事故は確実に減らせます。

その次は、「後片付けはきちんとやろうよ」「タオルがなくなったら補充しておいて」という共通点がでてきますから、それがマニュアルになります。初めから完璧なマニュアルなどできませんから、少しずつ、気が付いたことを見直していけばよいのです。

② 報告・連絡・相談の重要性

二つ目は、報告・連絡・相談の重要性を理解することです。気が付いたリスクの種を上司に報告、連絡、相談をするというのは、業務上の義務です。

「最近、Aさんは歩行時にふらつくことがある」
「Bさんの車いすのブレーキが緩んでいる」
「訪問介護の帰り、Cさん家族が不満そうな顔をしていた」
「雨の日のデイサービスの送迎時に、Dさんの家の玄関前がすべる」

すべて、事故やクレームの種です。

「これ事故になりそうだな……」「トラブルになりそうだな……」と、すべてのスタッフがリスクに対する感度を高め、そのリスクの種を集めることが必要です。そうして、個別のリスクはケアマネジメントで、全体に関わるリスクはマニュアルで修正していくのです。

そのため、「忙しそうで上司に話しかけられない」「スタッフ間・業種間で人間関係がギクシャクしている」というコミュニケーションに課題のある事業所は、事故やトラブルが起きやすくなります。

「何でも相談できる」「気が付いたことはすぐに報告できる」という、風通しの良い人間関係、組織を作ることが、リスクマネジメントの実践には不可欠です。

③　きちんと検証する

事業者のサービスの質、リスクマネジメントのレベルが、最も現れるのが「事故報告書」です。役に立たない有害な事故報告書の例を挙げましたが、そこに欠けているのは検証です。

事故報告書の基礎となるのは、「発生状況」「初期対応」「事故原因」「事故予防策」です。「Bさんが、夜間にベッドから車いすの移乗に失敗して転倒、コールが鳴った」というケースを例に挙げてみましょう。

まずは、「Bさんは何をしようとして転倒したのか」「最後にスタッフがBさんを確認したのはいつか」「コールが鳴った時にスタッフは何をしていたのか」「すぐに駆け付けたのか」「ケガの状態はどうか」、などという発生状況を確認しなければなりません。

特に重要になるのは、その時間をできる限り正確に把握することです。「コールの時間」「駆けつけた時間」「他のスタッフに連絡した時間」「救急隊に連絡した時間」「家族に連絡した時間」がわからないと、状況や初期対応が適切だったのか判断できないからです。それは、後々裁判になった時にも、対応の正当性を主張する重要な証拠になります。

その上で、「頭部打撲の有無は確認したか」「ケガや骨折の有無を確認したか」「その後、急変がないか見守りの回数を増やしたか」と言った初期対応、「車いすのブレーキの緩み」「無理な体

事故報告書策定と対応・改善の流れ

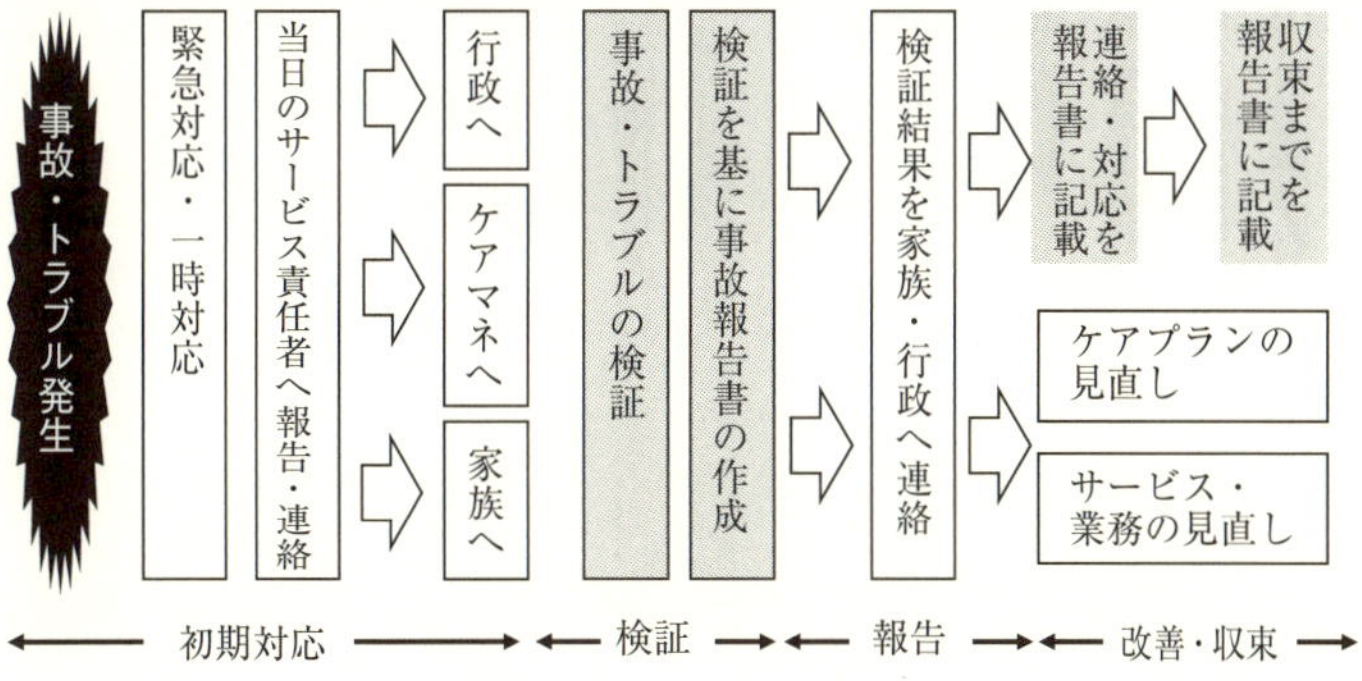

勢での移乗」などの原因究明を行い、家族やケアマネジャーへの連絡、更には事故予防策についての検討や、他のスタッフへの周知なども報告書に記入します

この事故報告書は、事故を発見した、発生させたスタッフが作成するものではありません。

当人では「どうだったかなぁ……」と考えながら書くために、主観的な報告書や反省文になりがちです。また、初期対応の課題や原因究明、家族への連絡、全スタッフへの周知などをできる人でないと、報告書は完成しません。

事故報告書は、当日の介護リーダーなど第三者が、事故の状況や初期対応の課題、事故原因を関係者から詳しく聞き取り、きちんと検証して書くべきものなのです。

これは訪問介護やデイサービスでの事故やトラブル、家族からのクレームも同じです。

きちんと検証できる体制が構築されていれば、「事故の発生時、発見時に何をすべきか」がわかります。それは事故発見者だけでなく、検証者にとっても、他のスタッフにとっても、リスクマネジメントの能力向上に大いに役立ちます。

日々発生する小さな事故やトラブルをリスクマネジメントやサービス向上の種にできるかどうかは、この検証作業にかかっていると言っても過言ではありません。


以上、三つのポイントを挙げました。

今後、介護のリスクマネジメントは、ますます重要になっていきます。

リスクマネジメントのできない事業者は、確実に淘汰されていくことになります。

ただ、それは決められたゴールがあって、「これだけやれば大丈夫」「これで完成」というものではありません。また、一朝一夕に知識・技術・ノウハウが上がるものでもなく、目の前にある階段を一歩一歩上がっていくようなものです。

また、それは利用者だけでなく、一緒に働く仲間を守るものですから、時には一定の強制力を持って行うことも必要です。ベテラン、新人に関わらず、一人でも、「この程度ならいいか」「報告が面倒だ」と考えると、そこから事故の芽が育っていきます。

ドラマのセリフではありませんが、「ワタシ、失敗しませんから」「あとは勝手にやってください」では、困るのです。
※　事故報告書の書き方や書式、事例については、高住経ネット（http://koujuu.net/）で示していますので、興味のある方はご覧ください。

二　介護経営のプロになる

介護倒産が多いという報道は間違い

二〇一六年の介護事業の倒産件数（負債額一〇〇〇万円以上）は一〇八件、前年度比一・四倍で、介護保険制度発足以降、初めて年間一〇〇件を超えました。「介護倒産が過去最高」「介護倒産が起こるのは、介護報酬のマイナス改定が原因」という報道も多いのですが、それは過剰に反応しすぎです。

全国の介護サービス事業者の数は二〇万ありますから、その倒産率は〇・〇五％に過ぎません。もちろん、この件数は一〇〇〇万円以上の負債額のものだけですし、目に見える倒産だけでなく、廃業する介護事業者もたくさんあります。ただ、一般企業の場合、中小企業白書二〇一六年度版を見ると、二〇一二年～二〇一四年の非一次産業全体の廃業率は、六・六％です。単純に比較することはできませんが、これほどたくさんの事業者数があり、そのほとんどが新規参入の小規模事業者で、かつ、倒産件数の少ない産業は介護サービス事業の他にはありません。

要介護高齢者が増えるといっても、その地域に利用する要介護高齢者が少なければ事業は成り立ちませんし、デイサービスでも、安定的な収益を確保するためには、一定以上の定員数や規模が必要です。

また、あまり取り上げられませんが、「不正請求」「虚偽報告」を行っていると指導を受けた事業者は、二〇一五年で倒産件数の二倍です。それも表面化するのは一部だけで、第二章で述べたような、法律違反の無届施設も全国で一〇〇〇ヶ所に上り、事業者によるケアマネジメントの不正関与も横行しています。

素人経営者も、不正請求を行うような事業者も多い中で、「誰も倒産しないように介護報酬を上げろ」といった意見が通用するはずがありません。

今はまだ、「介護倒産が増えて大変」というよりも、「劣悪なサービスを排除する」というマーケット機能さえ、きちんと働いていない状況にあると言ってよいでしょう。

介護事業は、一般のサービスと同じように、その地域のニーズや需要を把握し、それに基づいて商品設計、サービス設計をすれば、成功する可能性が極めて高い事業です。

介護倒産が本格的に増えるのはこれから

現在の倒産件数はわずかなものですが、今後は確実に増えていきます。

これまでの倒産は、「従業員五名以下」「負債額五〇〇〇万円未満」という小規模事業者倒産が多く、その大半は「訪問介護・通所介護」だったのですが、これから激増するのが、「負債額一〇億円以上」という有料老人ホームやサ高住などの高齢者住宅の大規模倒産です。

「高齢者住宅のニーズは高まる」「サ高住は補助金がでる」と、その数は全国で増加しています。

しかし、有料老人ホームでもサービス付き高齢者向け住宅でも、その価格設定やサービス内容が地域ニーズに合致していなければ入居者は集まりません。損益分岐となる入居率は八〇％〜八五％と言われていますが、実際は五〇％未満というところも少なくありません。

介護スタッフ不足も、入居率があがらない原因の一つになっています。

介護業界は離職率が高いと言われていますが、全産業の労働者の一年間の離職率平均が一五・六％に対して、介護職員は一六・六％と、それほど大きな開きがあるわけではありません。

ただ、介護業界の中でも、この離職率は二極化しています。

介護労働安定センターの介護労働実態調査によると、介護労働者の離職率が一〇％未満の事業所が全体の半数に上る一方、離職率が三〇％以上という事業所も二割を超えます。また、その離職者のうち、約四〇％が働き始めてから一年以内に、三五％が一年〜三年以内と、離職者四人中、三人が三年以内に辞めている計算になります。

その中でも、特に離職率が高いのが介護付有料老人ホームです。

それは、無理な低価格化に関係しています。

有料老人ホームは、それまでの入居一時金が数千万円という時代から、一時金ゼロ、月額費用も二〇万円前後という低価格のものが増えています。サ高住は更に低価格です。その低価格を実現するためには人件費を抑える必要があります。それは働くスタッフから見れば、給与が低いだけでなく、働くスタッフ数も少なく、労働負荷が大きいということです。

加えて、述べたように、サービス管理者が育たないまま、次々と新規開設をしているために、全国で事故やトラブルが激増しています。

実際、介護付有料老人ホーム（特定施設入居者生活介護）の介護スタッフの離職率は平均で二四・七％と、特養ホームの一五％と比較すると一〇％の開きがあります。働く介護スタッフがいなければ入居者の受け入れはできません。結果的に入居率が低くなり、経営が悪化するという悪循環に陥っているのです。

その他、高齢者住宅は、「入居一時金の長期入居リスク」「囲い込みによる不適切な介護報酬の算定」など、業界全体として様々な課題を抱えています。「特養ホームと高齢者住宅」の役割の混乱、「有料老人ホームとサ高住」「介護付と住宅型」などの制度矛盾も、経営悪化に拍車をかけています。千人以上の入居者を抱える大規模な高齢者住宅事業者でも、入居率や収支の悪化が伝えられており、今後、「倒産で行き場を失った要介護高齢者をどうするのか」が、全国で大きな社会問題になることは避けられません。

介護ビジネスの特徴を理解する

今後、介護経営は大倒産時代を迎えます。

安定的に成長する事業者も多い一方で、「高齢者が増えるから」と安易に参入してきた素人事業者は淘汰されることになります。それは需要が増加しても、介護の専門性、介護経営の特殊性を理解していない経営者には、事業を安定させることはできないからです。

まずは、介護経営、介護ビジネスの特徴について、整理します。

【地域ニーズ・地域連携】

最近、「地域包括ケア」という言葉がよく聞かれます。

「要介護状態になっても、住み慣れた地域で介護や医療などの生活支援サービスを受け、安心して生活できるような体制を構築する」というものですが、言葉にすれば当然のことで、いまさら取り立てて声高に叫ぶようなことではありません。

ただ、何故いま、この視点が重要になっているのかと言えば、全国一律の基準で行われてきた、これまでの介護施策からの転換が必要だからです。

例えば、東京や大阪などの人口が密集している地域と、農村部や山間部など集落が点在している地域とでは、必要な介護システム、介護サービスは変わってきます。埼玉、千葉、神奈川、愛知など都心部ではこれから急速に高齢化が進みますが、秋田、山形などの地方ではその増加のスピードは緩やかです。人口動態や要介護高齢者数だけでなく、その地域特性、地域ニーズに合わせた、効率的・効果的な介護システムを構築することが求められているのです。

それは介護経営においても同じです。対象者は、その周辺に暮らす要介護高齢者です。家族との同居率や資産分布、介護に対する考え方、暮らし方はそれぞれの地域で違いますし、介護労働者の数も違います。

ある都市で成功したビジネスモデルが、他の都市でも同じように成功するというわけではありません。東京、大阪といっても、駅を一つ隔てるだけで、生活環境や介護ニーズは全く変わります。その地域の暮らし、特性を知らないと介護ビジネスはできません。

合わせて地域連携も重要な視点の一つです。

ケアマネジメントの基礎は、チームケアです。他の介護サービス事業者はライバルでもありますが、重要なパートナーでもあります。大手企業の運営するものであっても、フランチャイズ形態のものでも、すべてその地域に密着した個別の事業体です。それぞれの事業所が、地域の関連サービス事業者から信頼され、介護・保健・福祉・医療ネットワークの一員として認められなければ、安定した経営を続けることはできません。

【専門性の高い事業】

繰り返し述べてきたように高齢者介護は、専門性の高い仕事です。

経営者は、ケアマネジメントや業務上発生するリスクについて、十分理解する必要があります。

また、働くスタッフは、介護、看護、リハビリなど国家資格を有する専門家の集まりです。

特に、優秀な介護スタッフ、看護スタッフは、自分の仕事、その専門性に誇りを持って働いています。それは、法人・企業への帰属意識よりも、一人の専門家・職業人としての意識が高いということです。

一般の企業は、ピラミッド型の縦社会で社長・経営者がその頂点に位置するというイメージですが、介護経営は違います。経営者の役割は、各スタッフがその高い専門性を十分に発揮できるように、安心して意欲をもって働けるように後方から支援する裏方、サポーターです。

他業種から参入してきた経営者・管理者の中には、「組織だから、個々のスタッフは経営者・管理者の指示に従っていれば良い」というタイプの人もいますが、介護の専門性を軽視するような経営では、質の高いサービスを提供することはできません。

【収支モデルの特性の理解】

事業収支、ビジネスモデルの特性を理解することも必要です。

同じ介護サービス事業でも、事業種別ごとに収支モデルの特性は違います。

飲食業・販売業と介護付有料老人ホームの収支の違いを例に示したのが次頁の図です。

介護付有料老人ホームは入居定員が決まっています。それは収入の上限が決まっているということです。「前年度比一〇％増の売上を目指す」「一〇年後は売上を二倍にする」という業態ではありません。介護保険施設やデイサービスでも同じです。

支出における固定費比率が高いのも特徴の一つです。

飲食業や販売業などの場合は、売上と売上原価（仕入れ等）は連動しますが、入居率や利用率

飲食業・販売業等の事業特性

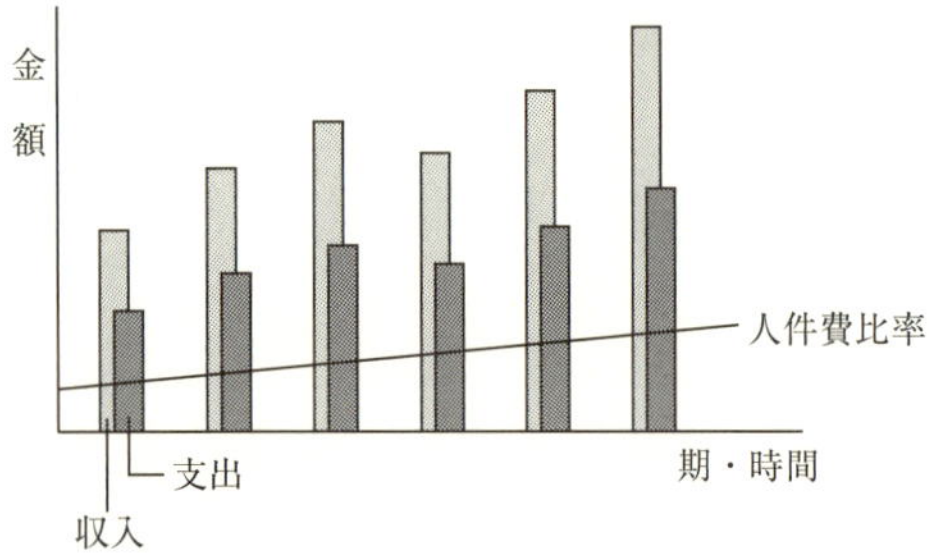

■収入の上限は決められていない
■支出に占める人件費比率は高くない
■変動費比率が高く収入と支出は連動する

介護保険施設・高齢者住宅等の事業特性

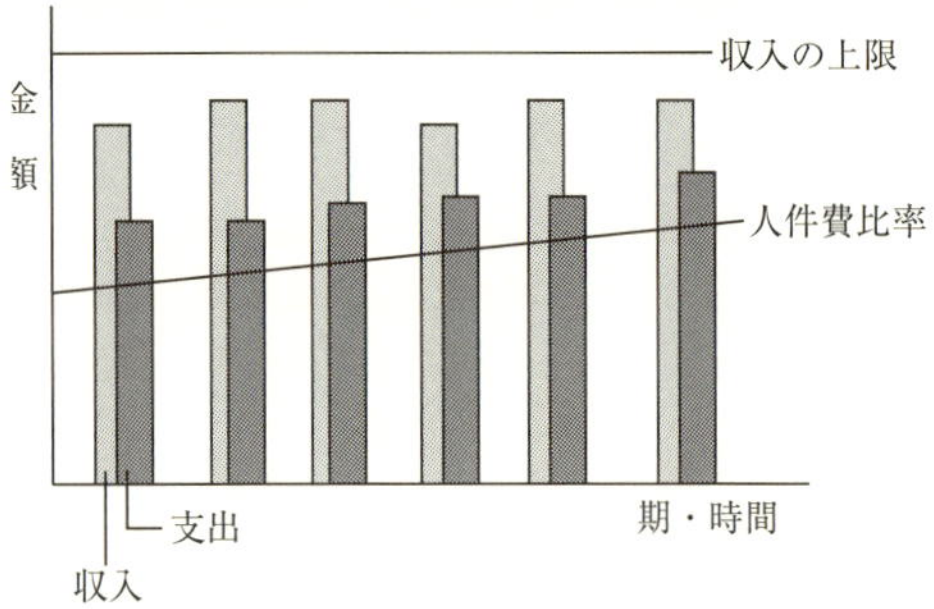

■収入の上限が決められている
■支出に占める人件費比率が高く年々増加する
■固定費比率（人件費）が高く収入が低下しても支出は連動しない

が八五％から七〇％に低下しても、それに合わせて介護スタッフを減らすことはできません。建物設備にかかる銀行返済も同じですから、支出はほとんど下がりません。

逆に、人件費のコストはベースアップや昇給などによって上がっていくものですし、銀行返済も、今後、通常の金利政策に戻れば、返済額は増えると考えるべきでしょう。

住宅事業ですから、建物設備のメンテナンスや修繕費用も、大きなコストです。

特に、有料老人ホームには「新築」「中古」という概念がありません。そのため定期的な点検修理を行い、その資産価値・商品価値を維持しつづけなければなりません。

五年、一〇年と経過するにつれて、必要な修繕箇所は多くなり、費用は高額なものとなっていきます。一五年、二〇年と経過すると、給水管や給湯設備、電気設備などの修繕の他、エアコンや洗面ユニット、入浴設備などの入れ替えが必要となるため、規模によっては数億円単位の大規模修繕費用が必要となります。

「過去、五年間は利益がでている」「今期は黒字になった」といった短期的な利益にはあまり意味はなく、大規模修繕も含めた、三〇年、四〇年の長期的な収支予測が必要になります。

社会保障制度に依存する営利事業の特性

介護サービス事業の最大の特徴は、市場原理に基づく営利事業でありながら、その収支の基礎を公的な社会保障制度、介護保険制度に依存しているということです。

そのビジネスモデルを図式化すると次頁のようになります。

コンビニやファミレス、美容院など、私たちが普段利用する商品・サービスのほとんどは企業（Business）と個人消費者（Consumer）との間の契約・取引です。その頭文字をとって、ビジネス用語で「B to C」と言います。これに対して製品メーカーや商社など企業間の取引のことを「B to B」と言います。自由選択・民間契約を基礎とした市場経済ですから、「安くて美味しい」「来店数が増えて儲かっている」など、お互いの満足度が高ければその事業は安定します。表面的に見れば、介護サービス事業も「B to C」です。

しかし、一般のビジネスモデルと大きく違うのは、ここに行政（Administration）、つまり社会保障政策が大きく関係してくるということです。

この「社会保障制度に基づく営利事業」という、他に類例のない介護ビジネスが持つ事業特性について整理します。

①「サービス内容」「サービス価格」は行政が決める

一般的な商品・サービスの場合、事業者は、「商品の内容」「商品の価格」「商品の質」を組み合わせて他の企業・事業者と競争を行います。

しかし、介護サービス事業は「サービス内容」「サービス価格」が介護保険制度によって厳格に定められています。介護保険内では、値上げも値下げも独自のサービスもできません。高齢者

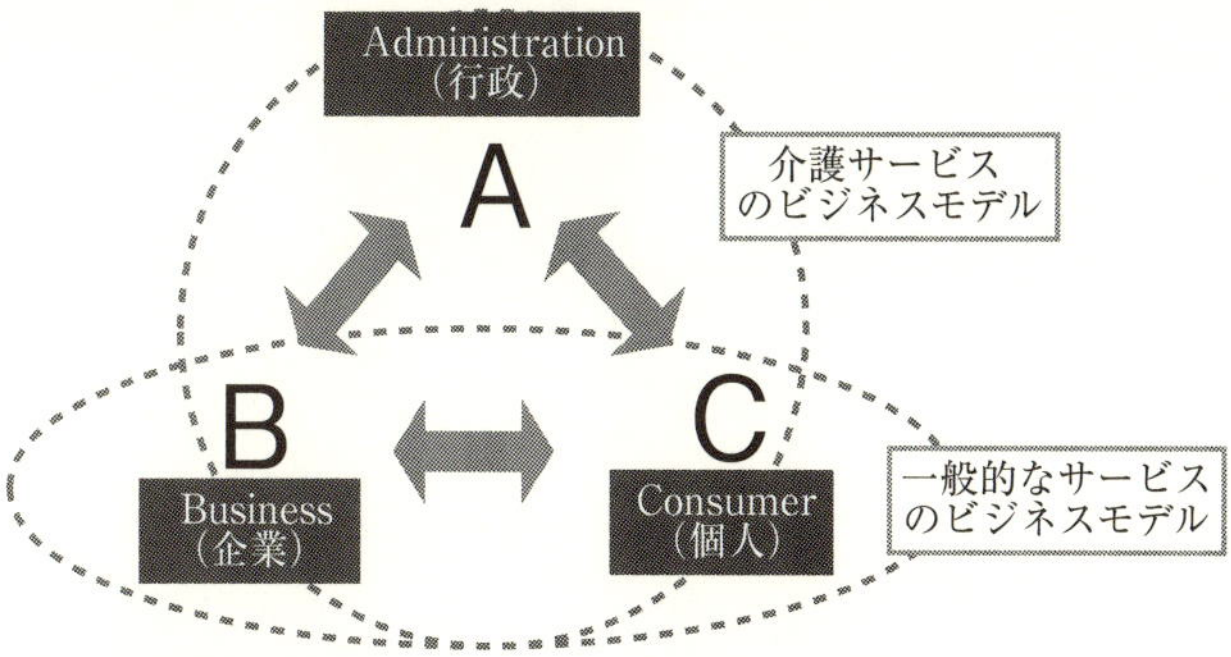

住宅では、建物設備や食事、介護上乗せ費用など介護保険サービス以外での競争は可能ですが、それでも制度への依存度が高いことは変わりません。

また、サービス提供に対する報酬が同じだということは、収入の上限やその範囲内で拠出できる人件費総額も決まってきます。それは大手企業、単独事業所に変わりなく、初任給や賃金体系に大きな差異をつけることは難しいということです。

② 報酬改定・制度改正に経営が左右される

二つ目は、報酬改定・制度改正に経営・収入が左右されるということです。

三年に一度介護報酬の改定が、五年に一度介護保険制度の改正が行われます。全体で「マイナス二・三％」「プラス〇・六％」などと表示されますが、個別のサービスについては、大きな増減が行われています。

一方的な報酬改定によって収入が減額されることになるため、「大手企業の下請けいじめ」ならぬ「行政の介護事業者いじめだ」という経営者もいますが、その是非はともかくとして、介護サービス事業は、それが前提の業界・業態なのです。

マイナス面だけではありません。一般企業の場合、工場を新設しても、景気の変動によって取引先からの受注が減ることもありますし、取引先が倒産すれば、貸し倒れとなって納入した商品、サービスの代金が支払われないこともあります。しかし、介護サービス業界は、介護保険法によって国が担保した制度ですから、貸し倒れはありません。

また、社会保障制度を基礎とするビジネスですから、介護保険収入で驚くほど高い利益を得られる事業でもありません。国も地方も財政は極度にひっ迫していますから、「高い利益が出ている事業者が多ければ、介護報酬を下げよう」となるからです。

ただ、逆に超高齢社会に不可欠な国策ですから、「介護業界大打撃」「事業者の二割が倒産」というような事態になるほど介護報酬が下がるということもありません。

そのメリット、デメリットを含め、「制度に経営が左右される業態だ」ということを理解しておく必要があります。

③　制度に依存した経営は脆弱

介護サービス事業は、「制度変更に経営が左右される業態」なのですが、同時に、報酬や制度に過度に依存した経営は非常に危険だともいえます。

図で示したように、介護ビジネスは、行政（Administration）、企業（Business）、個人消費者（Consumer）という三つのバランスで成り立つ業界です。ただ、Cの要介護高齢者数が一〇年後、二〇年後、現在の一・五倍、二倍になったとき、Aの社会保障費をそれに比例して増やせるかと言えば不可能です。

介護保険制度は、公的な制度ですから破綻することはありませんが、今後、相当の大改革が必要となることは、誰の目から見ても明らかです。つまり、現在の介護保険制度、介護報酬がこれからもそのまま継続すると考えるのは甘いということです。

それは、ビジネスモデルにも関わってきます。

例えば、第二章で述べたような、要介護高齢者の「囲い込み」を目的として、訪問介護や通所介護、診療所を併設した住宅型有料老人ホーム、サ高住が増えています。「併設の介護サービスや医療サービスを集中利用してもらうことで家賃を安く設定できる」というものですが、見方を変えれば、それは本来、入居者に負担してもらうべきものを、不適切に社会保障費に付け替えているだけです。

現行制度や監査指導体制に問題があることも事実ですが、その制度矛盾を利用して短期的な利益を出すようなビジネスモデルは、安定的に継続することはできません。制度改正以前の問題で、「適切に報酬算定してください」「それは不正請求ですよ」と言われた時点で崩壊するからです。

このようなビジネスモデルを「高収益モデル」「併設モデル」などと推奨している人がいますが、

介護保険制度の基礎を理解していないというだけでなく、ビジネスセンスが根本的に欠落しています。

ひっ迫している社会保障制度に違法に寄生したビジネスモデルなど、これからの時代、長期安定的に継続できるはずがないのです。

制度と商品は違う　～強い商品をつくる～

介護経営者の仕事は、事業計画と経営管理です。

事業計画において重要なのは、「競争力のある商品をつくる」ということです。

施設整備には、それぞれに介護保険法に基づく制度基準というものがありますが、有料老人ホーム、デイサービスという商品があるわけではありません。制度基準に合致すれば、開設はできますが、それだけでは建物設備などのハード、介護看護サービスなどのソフトのどちらも、セールスポイントや競争力という視点に欠けているため、安定経営はできません。

また、介護保険制度の中に示されている事業類型であっても、営利を目的としたビジネスモデルには不適格なものもあります。

例えば、小規模（二九床未満）の地域密着型特養ホームは、六〇名規模のユニット型特養ホームを半分にしたものではありません。ビジネスモデルとしてみると、人員配置の効率性が著しく低下するために、要介護高齢者対比で基準配置の二倍以上の介護スタッフ数が必要になります。

入所者一人当たりの建物のコストもあがります。

これは定員二九名以下の介護付有料老人ホーム（地域密着型特定施設入居者生活介護）や少人数でのデイサービスでも同じです。

介護サービス事業には、その経営に適した規模というものがあります。全てがそうだとは言いませんが、一部の地域密着型サービスは、「地域包括ケア」に向け、小さな集落など特殊な地域ニーズにも対応できるように作られたものです。非営利の社会福祉法人やＮＰＯなどが、社会貢献を目的に自治体のバックアップを得て行うべきもので、効率性や収益性を考えると、営利ビジネスに適したものではありません。

事業シミュレーションの重要性

事業計画の策定において重要になるのが、「事業シミュレーション」です。

事業シミュレーションは、「収支シミュレーション」だと思っている人が多いのですが、そうではありません。「収支」だけでなく、「業務」「商品」を一体的にシミュレーションすることが必要になります。

要介護高齢者の特性は多様化と重度化です。右麻痺、左麻痺、下肢麻痺、聴力視力の低下、認知症の有無など、多様な要介護状態の高齢者が利用し、その要介護状態は一般的に悪化していきます。要介護状態の変化（可変性）、多様な高齢者の利用（汎用性）に合わせて、「車いすの高

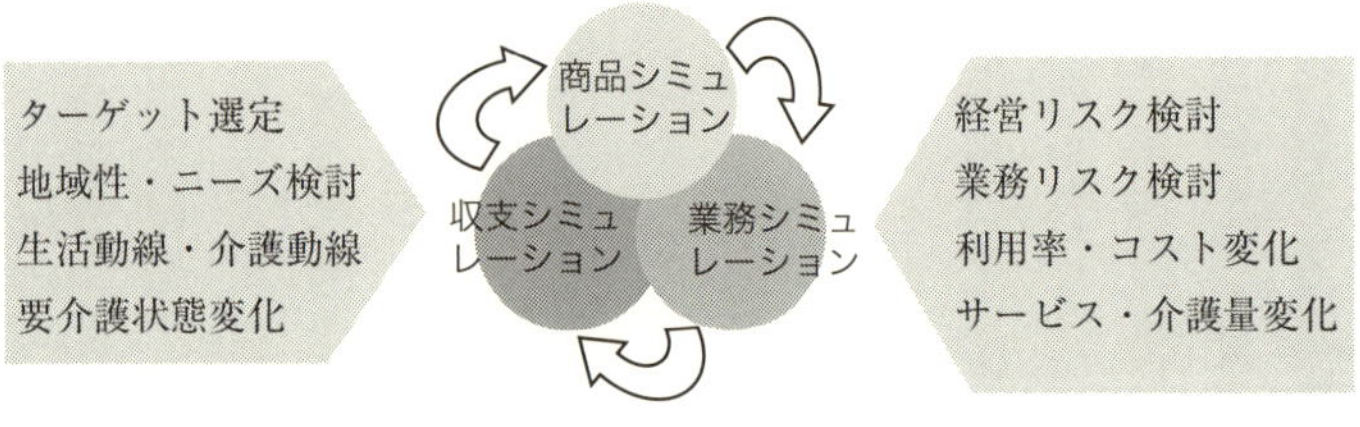

齢者が多くなっても、生活動線は混乱しないか」「入浴時の介護スタッフ数の確保」「送迎スタッフの確保」など円滑に業務が行えるよう、生活場面、介助方法を想定するのが業務シミュレーションです。

それに合わせて、利用率の変化や介護保険収入の変化、介護スタッフ配置の変化を収支計画に数字として置き直したものが収支シミュレーションです。業務・収支シミュレーションによって、建物設備などの商品性（商品シミュレーション）が検討されていくことになります。

この事業シミュレーションは一つの答えを出す作業ではなく、様々なリスクや経営状態、サービス実務を想定することです。これを繰り返すことで、第二章（85頁）で示したような、建物設備と効率的な生活動線、介護動線の関係がわかってきます。

介護動線や生活動線によって、高齢者の生活のしやすさ、介護事故のリスクやスタッフの働きやすさは全く変わってきます。それは、特養ホームや老健施設、デイサービス等でも同じです。

「サ高住　入居率アップ」「介護人材の定着率アップ」などのセミナーが行われていますが、開設後にそれらの対策をとることは容易ではありません。経営者の仕事は、「生活環境」「労働環境」「経営環境」を整えることだと言いましたが、その基礎は、事業計画・商品設計の段階でほぼ決まってしまうからです。

介護経営のプロになるために必要な四つの視点

介護事業は、要介護高齢者の生活に直結する公益性・公共性の高い責任の重い事業です。「儲かりそうだからやろう」「ダメだったら撤退しよう」といった安易なものではありません。

介護経営者は、介護実務やその経営特性を熟知したプロフェッショナルでなければなりません。プロの介護経営者になるために、必要な四つの視点を挙げます。

①　数字を読む

経営管理を行うために、不可欠になるのが「数字を読む」ということです。

数字がわからなければ、事業計画を策定することはできませんし、損益計算書や貸借対照表がわからなければ、経営状態を把握することはできません。

介護の現場で、身体を動かすことが好きという人は、「算数、数学は全くの苦手」「数字を見ると湿疹が出る」というタイプの人も多いのですが、介護事業はそれほど複雑な事業ではありません。基本的なルールを知ることは必要ですが、難しい会計知識はほとんど必要ありません。

介護経営者に求められるのは、日々行っている業務・サービス、経営環境の変化やそれに対する対策、戦略を適切に数字に置き換えることのできるセンスです。

「利益はでているが、重度要介護高齢者が増えてきたので、介護スタッフの増員が必要だ」

「日勤帯の介護スタッフか、早朝スタッフか、どちらを増やすのがいいだろう……」

「自己負担割合が増えると、デイサービスの利用回数を減らす人が増えるだろう」

「重度化対応強化のために、中長期的にはリフト車の増車を検討すべきだろうか……」

日々、様々な経営環境の変化があり、それに応じて求められる対策があります。

「事業計画」において、「業務シミュレーション」と「収支シミュレーション」は一体的なものだと述べましたが、これは経営がスタートしてからも同じです。現在の経営状態を把握し、それぞれの対策が収支にどのように影響するのかがわからなければ、経営はできません。

② 長期的なベクトル・視野をもつ

長期的な経営には、長期的な視野・視点が必要です。

中でも、最も重要になるのは、制度の方向性を読む力です。

介護保険制度は財政支出の抑制の観点から、要支援や軽度要介護高齢者への報酬は削減され、自己負担の割合も増えていくでしょう。また、「社会福祉法人と民間法人との経営環境」「介護付と住宅型」「サ高住と有料老人ホーム」といった制度矛盾も解消されていきます。「介護予防の充実」「低所得者への配慮」などの側面からソーシャルアクションとして声を上げることは重要ですが、右の拳を振り上げても、左の手は冷静に経営への影響を計算するというのが、経営者の仕

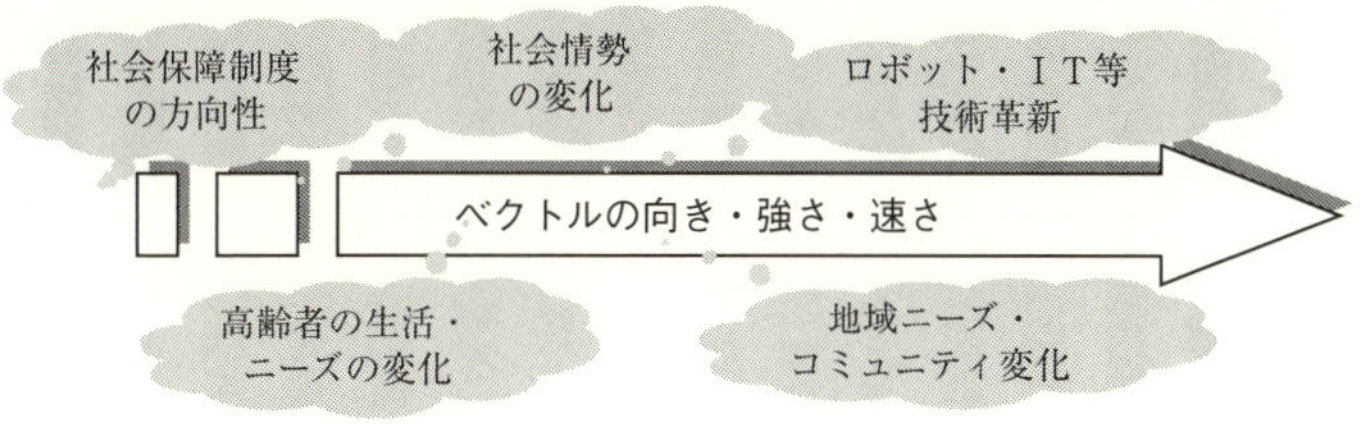

事です。制度改正・報酬改定は、事業者にとって大きなリスクでもありますが、その方向性を読むことができれば、大きなチャンスにもなります。

介護報酬の改定に一喜一憂するようでは、経営管理はできません。

一〇年後、二〇年後の介護ビジネスの経営環境、高齢者の生活ニーズの変化、地域ニーズの変化をしっかり見据えて、事業展開をしていく必要があります。

③　事業特性・リスクに対する感覚を養う

三点目は、事業特性・事業リスクに対する感覚を養うということです。

介護ビジネスに参入してくる人は、「介護ビジネスの需要は増える」と言いますが、「需要がある」ということと、「事業性がある」ということは、基本的に違います。

高専賃・サ高住が始まったころ「早めの住み替えニーズ」という言葉が高齢者住宅の業界で流行しました。「介護が必要になってから高齢者住宅へ転居するのではなく、元気なうちから住み替えて、住み慣れた環境で介護を受ける」というものです。確かに、そのような独居高齢者の希望、需要はあるでしょう。

しかし、元気な高齢者を対象とした高齢者住宅と、要介護高齢者を対象とした高齢者住宅は建物設備設計も介護システムも、根本的に全く違うものです。また、元気な高齢者が要介護状態になる過程、スピードはそれぞれに違い、身体が元気なまま認知症になる人や、脳梗塞で一気に寝たきりになる人もいます。多様なニーズに対応するためには、それだけのサービスの種類・幅が必要になりますから、費用は高額なものとなります。

「元気高齢者が軽度・中度・重度要介護状態になっても生活できる高齢者住宅」

「元気高齢者から重度要介護高齢者まであらゆるニーズに対応できる高齢者住宅」

「はじめから中度～重度要介護高齢者のみを対象とした高齢者住宅」

この中で、サービス・経営を安定させることができるのは、最後のものだけです。

「早めの住み替えニーズ」という需要があっても、そのニーズを満たし、かつ収益性・競争力のある高齢者住宅商品を作ることは、実質的に不可能です。

同様に、低価格の高齢者住宅の需要はあるでしょうが、過度な低価格化は、人件費を抑える必要があるため、介護労働者の確保が難しくなります。

介護業界は、まだノウハウや経験値が蓄積されていない新しい業界です。

「介護ビジネスのことはよくわかっている」「介護業界のカリスマ経営者」と大言壮語していた事業者、経営者も、不正やトラブル、事故が多発し、介護市場から退場を命じられています。

「ビジネスチャンスだ」という人は多いのですが、ビジネスのリスクは誰も教えてくれません。

それは株式投資や不動産投資と同じです。「高収益モデル」「これからは○○だ」という声に踊らされるのではなく、事業の特性やリスクをしっかりと考える必要があります。

④ 介護経営者が投資すべきは人材

最後の一つは、何を重視して、経営を行っていくのかです。

経営実務とは、限られた資源（ヒト・モノ・カネ）をどこに投入するのかということです。述べたように、介護サービス事業は、「社会保障制度に依存する営利事業」という他に類例のない非常に特殊なものです。「サービス事業」の根幹は、制度によって決められるため、競争力をつけるためには、「サービス内容」「サービス価格」を向上させなければなりません。

そのサービスの質を決めるのは、介護スタッフの質、サービス管理者の質です。

つまり、介護サービス事業は、何よりも「働きやすさ」「やりがい」「キャリアアップ」を中心とした労働環境の整備や人材育成に力を注ぐべき事業なのです。

また、介護事業はフランチャイズ形式や株式上場に適した産業・業態ではありません。あくまでも、社会保障制度を基礎とした事業です。より高い単年度利益、配当を求める投資家のニーズを満たすような業態ではありませんし、高額のFC契約料を支払って経営できるほど、収益性の高いビジネスでもありません。

事業を拡大しても、必要な人材が確保できなければサービスの維持はできません。急拡大をしている事業者の多くが、人材不足に喘ぎ、トラブルや事故が激増し、事業の継続が困難になっているのはご存じの通りです。逆に、人材育成には、一定の時間がかかりますが、サービス管理ができる優秀な人材を育成・輩出できれば、無理なく自然と事業は拡大していくのです。

「企業は人なり」という言葉がありますが、特に、介護サービス事業は、人が人に直接触れて提供する「ホスピタリティ」を基礎とするサービスです。資本のある大企業であっても、単独事業者であっても、みずから優秀な人材を育てられなければ、事業者としての未来はありません。

以上、介護経営者に必要だと考える四つの視点を挙げました。

経営の視点は、経営者にならなければ養われないというものではありません。

例えば、「レクレーション担当」になれば、一年間のレクレーションやイベントを一覧にして、どのような費用が掛かってくるのかを考えます。限られた予算の中で、たくさんの人に喜んでもらえるようなプランニングをすることも経営です。

「研修担当」になれば、「今年度は介護事故対策の強化だ」と目標を立て、それに基づいて、管理者や経営者と交渉をします。誰にどのような研修に行ってもらうのか、その結果をどのように他のスタッフに周知していくのかを考え実行し、評価・修正します。

このＰｌａｎ（計画）、Ｄｏ（実行）、Ｃｈｅｃｋ（評価）、Ａｃｔｉｏｎ（修正）という、ＰＤＣＡサイクルが経営の基本です。

各サービス管理者や特養ホームの施設長にも、経営感覚は不可欠なものです。

これからは、介護の現場から経営者になる人が増えていくでしょう。

他の業界では、資本の乏しい個人がビジネスをスタートさせるには、「ニッチ産業」と言われるようなすき間を狙っていくことが必要なのですが、介護業界は、これからますます大きく広がっていく産業です。

二〇年前の「老人介護」と現代の「高齢者介護」は全く違うものだと述べましたが、インターネットやスマホを使いこなす、団塊の世代が要介護状態になる一〇年後、二〇年後の高齢者の生活、高齢者の介護も、今とは違うものになっていくでしょう。

介護の実務を熟知し、適切な介護経営の感覚をもった、「介護のプロ」が、これからの介護保険制度、超高齢社会を変えていくのです。

第五章　鼎談　高齢者介護業界の現状と課題

本書は、介護の現場で働く人、及び介護職を志望する人に向けて書いたものです。ここでは、読者により介護現場、介護経営のリアリティを感じてもらいたいと、特別に対談をもうけさせていただきました。

医療ジャーナリストの小川陽子さんに司会をお願いいし、湖山医療福祉グループ代表の湖山泰成さんと、ご自身が社会福祉士でもあり、現場の声をよく知る株式会社ライフタイムメディィ代表取締役の板垣慎司さんにお話をお聞かせいただきます。

介護保険制度の現状、介護業界の課題

小川　今日は、宜しくお願いします。
介護保険制度が発足してから一七年が経過しました。事業者数は増加していますが、倒産事業者の増加や介護労働者不足、更には介護殺人など、様々な課題が噴出しています。まずは介護保険制度の現状、介護業界の課題について、率直なご意見をお伺いできればと思います。

湖山　まず、介護保険制度のはじまりから話しましょう。ありていに言ってしまえば、この制度は、基本的に人件費が高い医療ではなく、人件費が安い介護に高齢者の面倒を見てほしい、というところから始まりました。健康保険から介護保険への移行です。また、病院も病床に限りがありますから、入院者をこれ以上増やすことができない。はじめは、そういう業界の意図と、国の方針がマッチしていたはずでした。

濱田　それは、老人福祉からの脱却という点でも同じことが言えます。硬直的な措置制度、福祉施策ではなく、規制緩和による事業者選択、民間活力の導入という目的もありました。

介護保険制度は、ケアマネジメントの導入や個別ケアの推進など、先進的な取り組みもたくさんあります。ところが参入障壁は下げた一方、指導監査体制がまったく整っていないため、一部の事業者がグレーゾーンで儲けるようになってしまった。結果、社会保障費を減らしたいという目論見は完全に逆効果になっているのです。

板垣　一言でいえば、見込みの甘さ、制度マネジメントの不備だと思います。

高度経済成長期のただなかで、高齢者の医療費を無料にしますと言って医療制度が始まりました。途中まではうまくいっていたけれども、超高齢社会では、当然、国はそれを支え切れない。政治家も「介護だ、福祉だ」と予算を増やすことばかりが目的になってしまって、その質の向上や受益と負担のバランスを含め、誰も将来のあるべき姿を見据えていなかったということです。

湖山　国は、医療保険を使う前に介護保険でなんとかしたいと考えている。しかし、要介護状態になると医療のいらない人はほとんどいないわけです。
在宅医療だ、在宅介護だ、自宅で看取りだといっても、ケアマネジャーなのか医師なのか誰がタクトを振るのかわかりません。結局、保険点数に振り回されるように、短期の入退院を繰り返すことになる。ここに制度設計上の問題点というか、矛盾があるわけです。

板垣　医療と介護の一定の分離は必要だったと思います。ただ、医療や介護、福祉には重なった部分も多く、役割分担が明確ではありません。更に、制度間の連携ができていないために、「医療は医療」「介護は介護」と、その分離したところが歪になって、そこから不要な社会保障費が垂れ流しになっている。
また最近は、ケアマネジャーの質が問題になりますが、質というよりも、ケアマネジャーの立ち位置や、どこを向いて何を目的に仕事をしているのか、その根幹の部分がいま問われているのだと思います。

小川　それが如実に現れているのが、濱田さんが『高齢者住

小川陽子さん

宅があぶない』（花伝社）などで批判されている高齢者住宅ですね。

濱田　有料老人ホーム、サ高住といった高齢者住宅制度はすでに破たんしています。

介護付と住宅型といった介護類型にも意味がありません。結果、無届施設のように制度矛盾をついて、行き場のない高齢者を囲い込んで、医療や介護の押し売りビジネスをする不正な貧困ビジネスが、最も利益が高いということになる。

一部のサ高住や住宅型有料老人ホームも同じです。「サービス向上」ではなく、「制度の歪」を目指して経営をする事業者が増えています。

グレーゾーンだと言われていますが、その実態を見ると、ほぼ黒に近い。本来、高齢者住宅が増えると効率的、効果的にサービスが提供できますから、効果的な財政運用が可能となるはずですが、残念ながら、「高齢者住宅が増えると、社会保障財政が悪化する」という状況です。

湖山　私は今の高齢者住宅は、コンタクトレンズのようなビ

著者

ジネスモデルだなと思っています。コンタクトレンズ本体は原価を割っても、医療費で儲けられます。

サ高住や住宅型は在宅介護などで儲けられるから、居住費で数万円の赤字が出たとしても経営できる。実際、セミナーでそう宣伝している人がたくさんいます。

ところが、このサ高住のサービスはほとんどが外注です。

つまり、サ高住は高齢者向けの「学生寮経営」と同じなんです。建物と食事を提供する。管理人がいて、郵便物を取ってくれて、お風呂を掃除してくれる。基本はこれで、そこに医療や介護が加わっているだけです。これが事業者にとって都合がよかった。「安心・快適」と言いながら、介護や医療は個人契約だからサービスの提供責任が曖昧で、認知症や重度要介護になって介護できなくなっても、事業者には責任はない。

ここに「病院から在宅へ」という流れも手伝って、事業者はぼろ儲けです。単価の高い在宅医療や在宅介護を使い放題にされて、自己負担は安いけれど、余計に社会保障費がかかるようになってしまったというわけです。

板垣　介護保険制度から二〇年近く経過していますが、まだ介護経営者も手探り状態であることは事実です。ただ、大きな制度矛盾で巨額の社会保障費が垂れ流しにされている一方で、表面的な財政抑制のために「二割負担、三割負担」「要支援は総合事業へ」などという右往左往した議論を聞いていると、虚しさを感じることもありますね。

濱田　適切なサービス競争を、制度・施策が妨げているというのは、恐ろしいことです。それは、真面目に運営している事業者が衰退していくからです。

介護福祉士など国家資格者の介護離れ、サービスの劣化、事故やトラブルの増加など、現在発生している様々な問題の根幹はここにあります。

更に、制度矛盾を突いたビジネスモデルが拡大したために、サービス力や商品力の検討が後回しになっている。そのため「安心・快適」と言いながら重度要介護状態が増えれば、生活も介護もできないものがあまりにも多い。

国の制度設計の混乱、素人経営者の増加、自治体の制度マネジメントの不備が相まって、この数年のうちに、高齢者住宅の倒産は激増し、大混乱するでしょう。

湖山　私も、現在の高齢者住宅バブルは間違いなく崩壊すると見ています。

最大の問題は、「家賃」「食事」などの本来自費であるべき費用と、介護や医療費の負担が混乱していることです。利用者からみればトータルで安い方がいいということになりますが、無駄な社会保障費の温床になっている。こんな矛盾に満ちた制度が続くはずがない。しっかりと監査して、優良な事業者に限定して入居者個別に家賃補助をした方がよほどいい。

しかし、それはサ高住だけではありません。これまでの高額な入居一時金の有料老人ホームも、言い方が悪いかもしれませんが、リゾートブームの時のゴルフ場のようなもので、儲けは「会員権」の販売なわけです。これも「会員権」が売れないとなったときに、破綻することになります。

板垣　ただ、怖いのは、みんなそれに気づいていないということですね。

都内でも、まだ次々と高齢者住宅が建設されています。リゾートバブルとは違って、要介護高齢者が住んでいる生活の根幹だということです。同じ介護サービスでも、その衝撃はデイサービスや訪問介護の倒産の比ではありません。

湖山　その通りです。この数年の内に追い出される高齢者が激増し、社会問題になることは避けられないでしょう。ただ、本当に悲惨な目に合うのは高齢者・家族ですから、私たちも、事業者としてできることはないか、知恵を絞って対策を考えたいと思っています。

濱田　高齢者住宅の破たんをどうするのかは、本当に難しい問題です。

M&Aで経営者が変わっている高齢者住宅はたくさんありますが、商品力が弱く、サービスの質が低いから経営破たんするわけで、一時的な財政支援だけでは再生できません。

高齢者住宅の再生には、適正なデューデリジェンス（事業

板垣慎司さん

性の調査）だけでなく、長期的な視点からの、商品の改善やサービスの立て直しが必要になります。資金以上に、高い経営ノウハウや人材支援が重要です。

湖山医療福祉グループなどの大手事業者が、検討していただけると力強いですね。

介護人材の育成、労働環境の整備

小川　現在の介護業界の大きな課題に、「人材不足」があります。本書のテーマもそこにあるのですが、国も介護労働者の支援に向けて動いています、一方で労働人口の減少などもあります。業界全体として見た場合、どのようになっていくとお考えですか？

濱田　これからは介護報酬による給与アップだけでなく、安心して働ける介護の労働環境の整備がより重要になってくると考えます。

対象は要介護高齢者ですから、一瞬のミスや小さなスキが重大事故に発展するリスクの高い仕事です。認知症の問題もあります。しかし、「安心・快適」「人に優しい仕事」というイメージだけが優先され、それがかえってスタッフが疲弊する原因にもなっている。

このリスクマネジメントは事業者によって大きな差がありますが、大手事業者でも「事故のすべてが事業者責任ではない」「サ高住は住宅だから事故責任はない」といった独善的な議論から抜け出せていない。その結果、事故予防やトラブルの対策が、後手に回っているのです。

リスクマネジメントが適切にできない事業者は、淘汰されていくことになるでしょう。

板垣　確かにリスクマネジメントは、介護経営の大きな課題の一つです。

私たちはデイサービス事業を行っていますが、先日も、ある事業所で男子高校生が自転車で停車中のワゴン車にぶつかってきて転倒するという事故がありました。ぶつかった本人もケガもなく、こちらの車にも傷もなく、「すいません」とケロっとしていたようです。ただ、事故は事故ですから、スタッフは警察にも通報して、高校生の両親とも話をして、「お互いに大丈夫」と確認をしたと連絡が入りました。

普段から交通事故に対する対策や事故処理については勉強会を行っていますが、どうしても送迎中だと、「たいしたことはない」と軽く考えてしまいがちです。

きちんと対応してくれて、本当に良かったと思っています。


濱田　事故やトラブル、クレームなどのリスクは、これまでの福祉の時代とは比較にならないほど高くなっています。

しかし、残念ながら、介護業界は非常にリスクに対する感覚が甘い。事故やトラブルに対する事業者の隠蔽もまだまだ多い。

自動車業界では、「リコール隠し」が大きな社会問題となり、それが続いた会社では、単独での事業継続が困難になりました。介護業界でも必ず同じことになります。

湖山　エビデンスがあり、情報が外に出ることで、国民の認識が改善される。
かつては、病院や大学はなるべく外に情報を出さないようにする、という傾向がありました。

今は食中毒や医療事故であっても、大学病院など記者会見をして発表しますね。営業上の悪影響がわかっていても、ちゃんと発表する。

その積み重ねがあり、最近は「胃ろう」はあまりよくないと国民の認識が変わって、減ってきました。発表を通じて国民教育がされたわけです。

最近では、一部の大手介護サービス事業者でも、食中毒の発生についてきちんとプレスリリースを始めています。良い傾向だと思います。

板垣　リスクマネジメントも含めて、介護の専門性なんですね。

労働者を評価する経営層が、その専門性を軽視するようであれば、「短時間にたくさんオムツ替えができる」といった仕事をする人を高く評価してしまう。学生バイトや製造業のライン工程のような感覚で、与えられた業務を流れ作業のように処理していくだけの仕事になると、専門性も評価されませんし、介護職としてのやりがいも生まれません。

湖山　この問題は、社会への啓もう活動も必要だと考えています。

家族も、親が要介護になるまで経験値がないわけです。自分の親が八〇～九〇歳になって、認知症になって大変だというのは人生のごく限られたタイミングでしか経験できません。だからこそ、家族は、ちゃんとした介護施設だったら、病院と同じように一〇〇%安心できると期待している。

ただ、二四時間付き添うわけではないので、介護にも限界はある。

毎週お見舞いに来ている家族とはトラブルにはならないんですね。ところが、老人ホームで転んで結果亡くなったとなると、他の親族が遺産相続の時に出てきて、「医療費も結構かかっているし、老人ホームに責任があるんじゃないか」といって訴えることがある。経営者にとっても、なかなか難しい問題です。

介護業界全体として、きちんと転倒などのリスクの説明ができていないことや、対策が遅れていることは事実ですが、同時に「介護」というものに対する国民的な深い議論が必要です。これには少し時間がかかるでしょう。

外国人労働者実習制度は介護業界に根付くのか

小川　最近は、人材不足を補うために「外国人労働者実習制度」や「介護ロボット」にも注目が集まっていますが、これについては、どのようにお考えですか?

湖山　まず、外国人労働者実習制度ですが、外国人労働者をひとり紹介してもらうのに、業者に毎月三〜四万円払う必要

湖山泰成さん

があるのが納得しかねます。社会貢献の研修、実習が目的ということなのだから、行政が面倒を見るべきだと思うけれど、事業者にやれと言うのだから大変です。五年間でどういう人材にするか、その後の見通しがあるかどうかですね。

私のところでは、中国から一定数の研修生を受け入れる予定にしていますが、上海で老人ホームの計画があり、将来的にはそこで介護スタッフとして活躍してくれることを期待しています。外国人労働者にも日本人と同じ給与水準、待遇を用意し、同じ研修体制を組んでいます。これから中国でも高齢者介護は大きな課題となりますから、日本でしっかり勉強していただき、その先鞭になってくれると嬉しいです。

濱田　私は、正直に申し上げると反対です。

高齢者介護は単純労働ではありません。制度の目的に従って、ちゃんと労働の経験を積ませ、教育するためには、人材育成の高いノウハウが必要です。しかし、それができる事業者はそう多くはありません。マニュアルをこなす労働力としか考えていないのであれば、間違いなく事故やトラブルが激増します。

死亡などの重大事故になれば、損害賠償だけでなく、個人が業務上過失致死に問われることになります。もちろん実習中だから、外国人だからと免責にはならない。最悪の場合、それは本人だけでなく、周りのケアマネジャーや管理者の責任まで問われることになります。

板垣　日本人でも、特に未経験、無資格の新人職員が一人入ると、すぐにプラス1になるわけではなく教育係が必要ですから、数か月～半年程度はマイナス0・5くらいです。言葉の壁という単純な話ではなく、より深い専門的なコミュニケーションが求められる訳です。生活習慣も違うため、実習には時間も手間もかかるでしょう。それが、受け入れる介護経営者にわかっているかどうかですね。

湖山　ほとんどの事業者は、安い労働力をアジアからほしいだけでしょう。

日本の介護のノウハウを学ぶことが目的なのに、残念です。

ちなみに、山形の私どもの施設へ出かけた時、山形のスタッフは私に対して東京弁を話してくれていたようで、とくに不便を感じなかったのですが、在宅介護で訪問すると、方言が強くて言葉が通じない。国内ですらそうなのに、ましてや外国人となると難しいことも多くなるでしょう。

そういう事情もありますし、私としてはインドネシアからの看護師研修の例と同じで、実際は外国人研修生の人数は、そう多くはならないと思います。

濱田　「技術を取得してもらおう」「勉強してもらおう」というのは表面的な理由で、その実は「介護労働者が足りないから、外国人に安い給与で来てもらおう」というご都合主義の発想でしかないように感じます。

話を聞いていても、「人が足りないから……」という事業者ばかり手を挙げています。

それは来てもらう外国人労働者の方にとても失礼なことですし、高いリスクを負わせることになります。また、介護はチームケアですから、コミュニケーション不足、連携不足は、その事業所全体の事故リスクを増加させる。

厚労省は、「それは受け入れた事業者責任」「事故が起こらないように指導すべき」だと言うでしょうが、結果的に、今以上に介護労働離れに拍車がかかるのではないかと、本当に心配ですね。

介護ロボットの課題と未来

小川　現在、行われている建設や製造などの分野においても、専門的な実習制度とは名ばかりで、単純労働、過重労働で外国人を酷使しているといった問題が指摘されています。「介護は日本人にしかできない」ということではありませんが、経営者の長期的なビジョンのようなものが問われているということですね。

もう一つの介護ロボットについては、いかがでしょうか。

板垣　そもそも、介護ロボットという言葉が適切なんでしょうかね（笑）。どうしても、鉄腕アトムやドラえもんが介護してくれるようなイメージになってしまいがちですね。

湖山　かなり異なりますね。人型ロボットどころか、ベッドに機械のアームが付いていて、オムツを替えたりすることもまだできません。先日、日経新聞の記事に出ていましたが、現行の介護ロボットには補助金が出ていますが、実用にはほど遠い。

ある大手事業者ではオムツ替えのためのリフトを積極的に付けたところ、余計に時間がかかるからといって、現場では使われませんでした。そういう状況です。

そもそも、介護でロボットが本当に役に立つなら、育児ロボットもできているはずですが、育児ロボットなんてとんでもないと思う人は大多数でしょう。育児ロボットが実用化されていないのに、認知症高齢者を介護するロボットなんてできるはずがないんです。

一度、論点や課題を整理した方がいい。

濱田　現状、「これは使えそうだ」と目を引くようなものは少ないですね。

ホスピタリティを基礎とした介護技術と先進技術の融合は、どちらも日本の得意分野ですから、新しいものを作り出してくれるのではないかと期待しています。高齢化は多くの先進国で社会問題になりますから、経済効果の期待もできます。

ただ、間違った方向に向かわないか心配しています。

例えば、現在の入浴機器は特殊浴槽、チェアインバスなど進化していますが、このままでは、ボタン一つで入浴から乾燥までできる、人間洗濯機になりそうな気配です。しかし、それは要介護高齢者のあるべき入浴方法ではありません。技術支援すべきは安全な移乗や移動であって入浴ではないからです。事故やトラブルも多く、本人もリラックスできないため、今はまた一般の個別浴槽のスタイルに戻ってきています。

また、介護ロボットや介護機器は高額です。利用者六〇人、入居者五〇人の中で一人、二人しか使えないようなものは、進化の方向としては間違っていますし、発展しません。多様な要介護高齢者に対応できる「汎用性」、要介護状態の変化に対応できる「可変性」などの視点が不可欠です。

湖山　高齢者介護は文化という側面も持っている。海外は、指一本しか残っていない人でも、自分で操作したり、自立しようとしたりする。日本人は、指一本ケガしても食べさせてもらうという文化がある。

「全部自分でやるんだ、そうじゃなければ人間じゃない」という文化の国と、お世話してもらって当たり前、という文化の違いは大きいですね。

そういったこともあって、日本文化では人間が介護することに変化は起きづらいでしょう。ベッドに排泄用の穴を開ければ効率化できますが、やっぱり本人も介護する人も抵抗があるでしょう。

板垣　介護はそれぞれの国の文化という言葉は、その通りだと思います。

文化に合わせた特殊な発展はありますね。他の国では、お風呂はシャワーで済ませるなど体を清潔に保つことが目的ですが、日本ではゆったりと浴槽に浸かって、身体を温めてリラックス

するという文化です。

また、それは世代や育った環境によって大きく変わるものでもある。これからの高齢者はスマホやITを使う世代です。生活環境の変化に合わせて、介護環境や介護労働も大きく変わっていくのでしょう。

私たちはレクリエーションに力を入れていますが、高齢者用のリハビリや認知症予防のゲームも増えてくるでしょう。とても楽しみですね。

湖山　AIBOのような愛玩ロボットや、テレビ電話のようなコミュニケーションツールも高齢者の生活を大きく変えていくでしょう。

私は、テレビカメラは、職員を守る役割もあると思っています。

グループホームで認知症高齢者が外出できないように鍵をかけるのは虐待になりますが、そうなるとどれだけ気を付けていても、一人で外出してしまう場合もあります。そして交通事故などに遭えば、業務上の過失が問われます。

また、転倒して病院に行ったときに、あざがあるのは暴行を受けたのではないかと疑われないためにも、エビデンスとして記録があるのは大切です。記録があることで適切な治療にもつながりますし、余計な配慮がいらなくなる。時に、隠しカメラで撮られた虐待映像がでてきますが、きちんとサービスしているのであれば、隠す必要はないわけです。家族にとっても本人にとっても、普段の生活が見える、家族が見ていてくれるというのは安心です。

板垣　家族が遠方にいる場合だと、訪問できない、ケアカンファレンスにも参加できないなどの問題がありますが、カメラ付きのＩＰ電話が普及すれば、自宅にいるのと同じような感覚で話ができます。

ヘルパーや訪問看護の時間に合わせて、遠方の家族と話をすることもできる。

地価の高い都心部に高齢者住宅や介護施設を作らなくてもよくなるでしょう。

濱田　一方で、カメラや徘徊センサーも、身体拘束だ、人権問題だという人もいます。またリスクマネジメントの話になりますが、特に認知症高齢者への対応は、事業者にとってもプライバシーとセキュリティの線引きが難しい問題です。

人によっては、「問題が起きないようにしろ、問題が起きた時の言い訳にカメラを使うのか」と感情的に施設の責任を問う人もいるかもしれません。

ここは、事業者だけでなく、もっと広く国民的な議論を深めるべきところですね。

介護ビジネス、介護経営の課題と未来

小川　介護というのは、営利事業でありながら、その根幹を社会保障制度に依存しているという特殊なものです。これまで福祉施策の中で行われてきた営利に最も遠いところにある事業、ビジネスモデルという側面もあると思うのですが、いかがでしょう。

介護経営というものは、どのようなものだとお考えになりますか？

湖山　私はビジネスモデルという観点からよく分析をするのですが、急拡大している大手が採用しているのは、ビジネスホテルやコンビニのような手法だと思います。パートを雇い、マニュアルで教育して、ブランド力で販売する。入居者はホームページから申し込める。

それが一番、利益率が高いんでしょう。

板垣「経営者は一度現場にでなさい」という気はありませんが、少なくとも介護保険の理念やケアマネジメントを理解し、介護や看護の専門性を評価すべきです。

介護保険制度前の「施設ケア」「集団ケア」と呼ばれた、画一的の介助の提供方法と同じです。実際に一部の高齢者住宅やデイサービスでは、それ以上にひどくなっている。

介護の現場を知らない人が、少ない人数で目先の事業者の収益性、効率性だけを目的として介護経営をすると、そのような流れ作業の介護になってしまうんでしょうね。

濱田　一部の人たちは、製造業のライン工程のような効率性を目指したのかもしれません。

それが、これからの介護経営だと信じているのかもしれません。

ただ、一日の生活の流れや介護手順を事業者の都合でマニュアル化していても、日々、高齢者の体調や要介護状態は変化します。認知症の問題もあって夜間に何度もコールを押したり、急変する人もいるということが前提です。

虐待が起こった施設では、介護スタッフから「手のかかる高齢者だった」「コールを何度も鳴らされた」などというコメントが出されますが、そういう事業所では、「自分たちのマニュアルに従わない高齢者が悪い」「手のかかる高齢者が仕事の邪魔をする」という発想になっていくのは残念なことです。

板垣　もうそれはオムツ替えをしているだけで、「介護の仕事」ではないですね。

そもそも、生活に介助が必要だから、私たちの仕事があるわけです。その部分が完全に抜けている。それでは「介護の仕事をしたい」と夢をもって入ってきた人ほど、続かないでしょう。

湖山　結局、コンビニと同じで、どんどん辞めていって、素人でいいからと安い人件費で次々に採用して、マニュアルで仕事を覚えさせる。そういうビジネスモデルですね。

ただ、介護という仕事は、そういうものではないと思っている。私どもは、全国にいろんな個性を持った施設があって、その地域に合わせてサービスを提供し、各施設長が施設を守っている、職員の命を守っている。それができる人を育てるために投資をしているわけですね。

濱田　これまで介護ビジネスは右肩上がりで増加し、介護企業は儲かっていたけれど、それは介護労働者の過重労働で支えて

いた。それが気づき始めて介護労働から人が離れると、「他に仕事がないので介護でも……」と誰でも雇わなければならなくなる。

「オムツ替えが汚い」「ほんとは介護なんてしたくない」というスタッフもいる。

それでサービスが低下して、事故やトラブルが頻発して、優秀なスタッフが辞めて、事業が継続できなくなる。その歪が表面化したのだと思います。

湖山　短期的な利益だけで、経営者のビジョンがなかったのでしょうね。

ただ、それは民間だけでなく、社会福祉法人でも同じです。社会福祉法人は余剰基金が多い、役所並みの給料をもらえる、自分たちもそういう経営ができる、というイメージがあった。ところが、実際にはじめて見ると、現在は重介護で大変だし、経営も厳しい。現実とイメージのギャップがあるわけですよ。

そもそも、高齢者の専用住宅が簡単な事業で、高い収益性があるなら、高専賃やサ高住などの制度も補助金も必要ないわけです。

介護経営の秘訣は何かと尋ねられたりしますが、私どもは特別な強みはない。うちでは人に投資をしていますから、利益としては三%くらいです。事務手数料ですね。その事業性を考えると、私はそれが適正だと思う。それで赤字にならないだけでも感謝すべきなんです。

ごく当たり前のことを普通にやっているだけなんです。

濱田　本書の中でも書いていますが、高齢者介護は、働く人に投資するビジネスだということです。そうでなければ長期安定経営はできません。給与や待遇だけじゃなく、リスクの軽減や働きやすさもそうです。
介護労働者に未来を見せられない国、事業者に未来はありません。

介護労働者に伝えたいこと、介護労働の未来

小川　「介護の労働環境は劣悪だ……」という声は大きいのですが、どの事業所で働くのかによって全く違うということですね。本来、それはどの業界でも同じことが言えるのですが、「介護の仕事は……」とはじめから色眼鏡で見ているのかもしれません。
最期に、介護労働者に伝えたい事、介護の未来を、お聞かせください。

濱田　現状を見る限り、介護経営にも制度にも矛盾や問題が多いことは事実ですが、最近気になるのは、介護労働者の中にも「介護は大変な仕事なのに……」とおだてられて、甘えている人が増えているのではないかということです。

講演などで、「介護の給料が低いので、男性が結婚を機に辞めることを、結婚離職と言います、この現状があるんですよ」と言われることがありますが、介護の仕事の内容や給与を知らずに働きはじめたわけでもないでしょう。

介護は大変な仕事ですが、他のどんな仕事でも同じように大変ですよ。

板垣　介護だけではないと思いますが、確かに、「僕がこんな目に遭っているのは環境のせいだ」と考える人が増えているように感じます。特に、介護職を志望する人は、そもそも優しい人たちが多いので、積極的でエネルギッシュな人は、割合として少ないように思います。そしてまわりに配慮しすぎた結果、環境や施設長に不満を持つ人が少なからずいて、愚痴になって出てくる。それを聞く機会は多いです。

湖山　江東区で、ある法人が採用を行ったとき、看護師よりも介護福祉士の給料の方が高かったということがありました。それだけスキルがある人を求めている。

ただ一方で、コミュニケーションが中心の仕事なのに、気が弱くてチームプレイが苦手だとか、一人でコツコツと働くのが好きだと言う人がこの業界に来がちです。また、責任が重くなるのも嫌、主任やリーダーになるのも嫌というのでは、高待遇を求めることは難しいでしょう。

濱田　私が強調するのは、「介護のプロになれば、未来が広がり、世界が広がっていく。そのための努力が無駄だと諦めていませんか」ということなんです。

まずは、しっかり介護の知識、技術の基礎を身につける。ケアマネジメントで介護の全体像を理解する。リスクマネジメントで事故やトラブルの予防、対応ができる。そして経営マネジメントで、経営の特性、事業特性を理解する。

それができれば、全国どこでも引く手あまたです。

これから、必ずそういう時代になります。

板垣　私は訪問看護もやっているので、看護師さんの面接もします。そのときに看護師さんに向かって、「あなたの看護観を聞かせてください」と尋ねると全員答えますが、介護士に同じ質問をしても、「介護観ってなんですか」と答えるんですよ。

自分のよりどころは自分で作るんだと、看護師は学校で教えられます。看護師はどういう存在なのか、レポートを何回も書かされるし、聞かされる。しかし、介護士にはその機会が少ないのかもしれません。

濱田　もう一つ、最初に話題にでたように、これから介護労働者の重要なテーマとなるのが医療との連携です。ケアマネや介護業界の人間が、医者や看護師にしっかりと意見を言えるということが必要になってきます。

湖山　私は、連携というよりも、融合という言葉の方がふさわしいのではないかと思います。ただ、どうしても現状では、医療と介護では、教育の蓄積に差がある。これからは、医師や看護師が特養ホームの施設長となる時代が来ると思います。在宅医療や高齢者住宅、特養ホームでの看取りが増えてくると、どうしても、医療も介護も一体的に提供する必要がでてくるからです。

濱田　ただ、そうなると頑張ってきた介護スタッフが、ここから上にはポストがないのか、施設長にはなれないのかと希望の芽をつむことになりませんか？

湖山　そんなことはありません。もちろん介護より医療の方が上だとか、医師が施設長をすべきと言っているのではありません。施設長はケアマネジメント、リスクマネジメント、経営マネジメントをしっかりとやる、介護部門の副施設長は介護福祉士、医療看護部門の副施設長が看護師や病院を定年退職した医師でもいいわけです。

病院にはある種の教育事業の面があります。看護部の仕事は三分の一が採用で、三分の一が教育になっている。その文化を介護業界に持ち込むのは、とてもいい化学反応を起こすでしょう。医師や看護師と一緒に働いて、教育体制が整い人材が育てば、おのずと専門性の強みが発揮されて介護職員もしかるべき地位に就くでしょう。

板垣　今の介護の世界では、まだ「医療は医師にお任せ」になってしまっている部分が大きい。逆に言えば、介護職員も「医師の言うことは聞かなければ……」と過度に反応しているのかもしれません。高齢者の医療は高齢者にとって、大きなと副作用を伴うものでもあります。それまで食事も排泄も一人でできていたのに、数週間の入院でまったくできなくなるというケースも少なくありません。

湖山　介護保険施設や高齢者住宅に、医師が管理者にいると、救急で大学病院に行った場合にも、向こうの医者と話ができる。家族も安心して説明を聞ける。このメリットは大きいと思います。

濱田　特養ホームだ、老健だ、療養病床だというのはすでに時代遅れなんでしょうね。

そこには、高齢者住宅も入るでしょう。高齢者や家族からみればニーズは変わらないのに、提供者の都合で「介護だ」「福祉だ」「医療だ」、いやいや「それは施設だ」「こっちは住宅だ」といっているにすぎません。「介護」「看護」「医療」という専門性を土台にして、要介護高齢者の生活支援をどのように行っていくのかという視点で、とらえるべき時期に来ているのでしょう。

医療と融合すれば、自宅や高齢者住宅での終末が当たり前の時代になる。介護スタッフも、「看取りだ」「急変だ」「ターミナルケアだ」と構える必要もありませんし、「老人ホームに帰っても、またすぐ入院」ということもなく、高齢者も安心ですね。

湖山　私たちは、病院も老健も特養ホームも高齢者住宅も、全国で様々な種類のサービス事業所を経営していますが、制度上の垣根に限界を感じています。介護も医療も、その垣根を超えてブレイクスルーすべき時期に来ているのではないかと思います。それは要介護高齢者の生活やサービスの向上だけでなく、財政的にも重要なことだと思います。

濱田　今から二〇年後には、八五歳以上の高齢者は現在の二倍になります。それは重度要介護高齢者が激増するということです。矛盾だらけの現行制度で支えられるはずがありません。

医療や介護、住宅、低所得者対策を含め、高齢者対策はドラスティクに変革せざるを得ない。それは制度設計だけでなく、自治体のマネジメント、事業者の役割なども含まれます。

高齢者の生活、高齢者介護そのものが大きく変わるでしょうし、介護スタッフに求められる能力も大きく変わることは間違いありません。

大きく動くということは、それだけ面白い未来が広がるということです。

それをリスクととらえるか、チャンスととらえるかですね。

小川　昨今の報道を見ていると、「介護人材不足」「事故や虐待の増加」「倒産事業者の増加」とマイナス面ばかりが目につきますが、お話をお伺いし、高齢者介護業界は、一〇年後、二〇年後を見据えた、大きな曲がり角に来ているのだとわかりました。

このように、経営のトップリーダーが、警鐘を鳴らし、同時に未来を語っていくことがとても重要だと思います。

また、色々とお話をお伺いできればと思っています。

お忙しい中、ありがとうございました。

おわりに

「介護の仕事の魅力は何ですか？」

最近、マスコミの方と話をしていると、そんな質問をよく受けます。

社会的なイメージとしては、「社会の役に立つ仕事」「高齢者や家族に感謝される仕事」「人に優しくできる仕事」といったところでしょうか。

もちろん間違いではありませんが、そのような表面的な言葉では、一〇分の一、いや一〇〇分の一も、その楽しさ、やりがいを伝えることはできません。

私にとって介護の仕事の魅力とは、たくさんの人に出会えること、そしてこの時代に一緒に生きているのだと実感できることです。

「『褥瘡ができるのは、看護師の恥だ』と涙を流した看護師さん」

「酒を酌み交わしながら、介護観や未来について熱く語り合った介護スタッフ」

「茶道の先生であった認知症のおばあさんから教えられた人生訓」

「特攻隊の生き残りのお爺さんの哀しみと達観」

今でも、たくさんのお年寄り、一緒に働いた人たちの表情を思い出します。

また、高齢者一人ひとりには、それぞれに大切にしてきた誇り高き人生があります。

「自動車ディーラーでトップセールスマンになった営業マン」

「ラテン語の権威でもある文学部教授」

「キャリアウーマンの先駆けだったファッションデザイナー」

「夫が戦死し、女手一つで五人の子供を育てたお母さん」

認知症であっても、病気や麻痺で上手く身体が動かなくても、「鉄道会社の技術者だったそうですね」と話をふると、キラッと目が光ります。上手く言葉が出てこないもどかしさの中でも、一所懸命に話をされます。「先の見えない世の中です」と賢しら口をきき、「私らの若いとき、敗戦の時の方が、よほど先がみえなかった」と笑われたこともあります。

介護の仕事をする中で、人の営みや優しさ、時の流れ、生きることの意味など、たくさんのことを考え、たくさんの人から教えてもらいました。

それは、介護の現場から離れた今でも、大切な宝物です。

私が直接介護した高齢者のほとんどの方は、すでに鬼籍に入られていますが、確かに同じ時代を生きていた、同じ時を共に過ごしたと感じるのです。

最後まで、お読みいただき、ありがとうございました。

これまで、介護ビジネスや高齢者住宅の課題、選び方などについてたくさんの本を書いてきましたが、本書は、この業界で一緒に働く仲間に向けて書いたはじめてのものです。

同じ介護業界で働いていますので、もしこの先、お会いすることがあれば、「読みましたよ」と、感想などお聞かせいただければ嬉しく思います。

また、今回は、介護ビジネスや介護の未来について議論し、多くの助言や示唆をいただいている湖山医療福祉グループの湖山泰成代表、そして、京都の東舞鶴高校で机を並べて勉強し、この業界で再び邂逅した親友の板垣慎司さんと対談することもできました。

とても思い入れの深い一冊となりました。

末筆になりましたが、本書の出版の機会を与えてくださった、花伝社の平田勝社長、編集を担当いただきました水野宏信さんに、心からお礼を申し上げます。

二〇一七年四月

濱田孝一

濱田孝一（はまだ・こういち）
1967年生まれ。経営コンサルタント。1990年立命館大学経済学部卒業、旧第一勧業銀行入行。その後、介護職員、社会福祉法人マネジャーを経て、2002年に住宅コンサルティング会社を設立。現在は、高齢者住宅の開設、運営サイト「高住経ネット」の主幹として高齢者住宅のコンサルティングを行っている。社会福祉士、介護支援専門員、建物設備取引主任者、ファイナンシャルプランナー。
E-mail　hamada@koujuu.net

介護の仕事には未来がないと考えている人へ
――市場価値の高い「介護のプロ」になる

2017年5月15日　初版第1刷発行

著者 ――濱田孝一
発行者 ―平田　勝
発行 ――花伝社
発売 ――共栄書房
〒101-0065　東京都千代田区西神田2-5-11出版輸送ビル2F
電話　03-3263-3813
FAX　03-3239-8272
E-mail　kadensha@muf.biglobe.ne.jp
URL　http://kadensha.net
振替 ――00140-6-59661
装幀 ――生沼伸子
印刷・製本―中央精版印刷株式会社

ISBN978-4-7634-0805-1 C0036

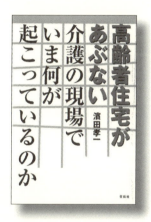

有料老人ホームがあぶない

濱田孝一　定価（本体 1600 円＋税）

トラブル激増、倒産の危機にたつ有料老人ホーム

迷走する介護保険・高齢者住宅事業。行き場を失う高齢者。問題の根幹はどこにあるか？　大量倒産・崩壊をどう回避するか？

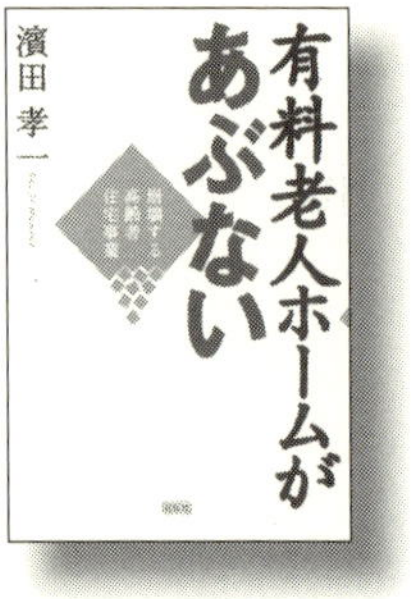

有料老人ホーム
大倒産時代を回避せよ

濱田孝一　定価（本体1700円＋税）

高齢者住宅経営コンサルタントの警告
このままでは大量倒産時代が来る！

開設ありきの安易な事業計画、数年後には表面化する経営リスク。行き場を失う高齢者・入居者の保護対策を急げ！　厚労省と国交省の縄張り争いの中から生まれた、「有料老人ホーム」と「高専賃」の混乱の実態と矛盾を衝く。